Rolf Friedrich Schuett

Aphorismen zur Binsenweisheit von übermorgen

Sozialphilosophische Kurzschrift

Rolf Friedrich Schuett

Aphorismen zur Binsenweisheit von übermorgen

Sozialphilosophische Kurzschrift

Bibliographische Information Der Deutschen Bibliothek:
Die Deutsche Bibliothek verzeichnet diese Publikation
in der Deutschen Nationalbibliographie; detaillierte
bibliographische Daten sind im Internet abrufbar über
http://dnb.ddb.de

Herstellung und Verlag :
BoD – Books on Demand, Norderstedt

Printed in Germany

ISBN 978-3-7557-1124-7

INHALT

Für Elke
in Liebe und Dankbarkeit

Aphoristiker sind im Bilde

NOVALIS (Friedrich von Hardenberg): *Frühromantische Fragmente*

Wir sind dem Aufwachen nah,
wenn wir träumen, dass wir träumen.

Der Sitz der Seele ist da, wo sich Innenwelt
und Außenwelt berühren.

Jeder Mensch ist eine kleine Gesellschaft.

Jeder geliebte Gegenstand ist Mittelpunkt
eines Paradieses.

Menschheit ist eine humoristische Rolle.

Fragmente dieser Art sind literarische Sämereien.

Jeder Satz muss einen selbständigen Charakter haben - ein selbständiges Individuum, Hülle eines witzigen Einfalls sein.

Die Physik ist nichts als die Lehre der Fantasie. Die Natur ist eine versteinerte Zauberstadt.

So z.B. ist die philosophische Physik vielleicht eine Seitenansicht des Ich. Die Darstellung der Philosophie besteht demnach aus lauter Themas, Anfangssätzen - Unterscheidungssätzen - bestimmten Stoßsätzen - ... die analytische Ausführung des Themas ist nur für Träge oder Ungeübte - denen die Mutter erst fliegen ... lernen muss.

Alle Wissenschaften sollen Mathematik werden.

Es könnten wunderbare Kunstwerke hier entstehen - wenn man das Fichtisiren erst artistisch zu treiben beginnt.

Die "produktive Imagination" habe "sich im Moment des Übergehens von Einem Gliede zum andern schwebend zu erhalten und anzuschauen."

Philosophie "strebt gleichsam den unendlichen Raum zwischen den Endgliedern (eines Satzes) auszufüllen." (1798)

So wie das Leben reale Philosophie ist, so ist die Philosophie ideales Leben. Das Poem des Verstandes ist Philosophie - Einheit des Verstandes und der Einbildungskraft ... (durch Einbildungskraft ausgedehnter Verstand) Die Philosophie entsteht mit der Ehe.

Im eigentlichen Sinn ist philosophieren –
ein Liebkosen.

Das Leben oder das Wesen des Geistes besteht also in der Zeugung, Gebärung und Erziehung seines Gleichen... Act der Selbstumarmung ... Man muss sich nie gestehen, daß man sich selbst liebt... Der erste Kuss in diesem Verständnisse ist das Princip der Philosophie - der Ursprung einer neuen Welt - der Anfang der absoluten Zeitrechnung - die Vollziehung eines unendlich wachsenden Selbstbundes ... Liebe popularisirt die Personalität.

Wenn die Theorie auf die Erfahrung warten sollte, so käme sie nie zustande. Haben Frauen eine Ähnlichkeit mit dem Unendlichen, dass sie sich nur durch Annäherung finden lassen? Auf ähnliche Weise reitzen die philos. Mysterien. So ladet uns alles in der Natur figürlich und bescheiden zu seinem Genuss ein - und so dürfte die ganze Natur wohl weiblich, Jungfrau und Mutter zugleich seyn ... Hochzeiten sind meistens Scheidungen.

Alle Menschen sind Variationen Eines vollständigen Individuums, d.h. einer Ehe. Die höhere Philosophie behandelt die Ehe von Natur und Geist. Natur soll Kunst und Kunst zweite Natur werden. Die ganze Landschaft soll ein Individuum werden. Eine Landschaft soll man fühlen wie einen Körper.

Man kann sich aus allem ziehen - alles drehen und wenden, wie man will. Ideen differentiieren und Erscheinungen integrieren ist sehr schwer. Die äußere Sollicitation ist nur in Ermangelung innerer Selbstheterogeneisirung – und Selbstrührung !!!!! Der Act des Sich selbst Überspringens ... ist Genesis des Lebens.

Alle Befriedigung ist Selbstauflösung. Der Tod ist das romantisierende Prinzip des Lebens. Durch den Tod wird das Leben verstärkt.

Absolutierung - Universalisierung - Classifikation des individuellen Moments ist das eigentliche Wesen des Romantisirens.

Das Leben soll kein uns gegebener, sondern ein von uns gemachter Roman sein... (eine sich selbst vernichtende Illusion) Geschichte ist eine große

Anekdote. Eine Idee lässt sich nicht in einem Satz fassen.

Eine Idee ist eine unendliche Reihe von Sätzen - eine irrationale Größe. Alle Dinge haben eine Centrifugaltendenz – centripetal werden sie durch Geist. Darstellung der Monade ist der wörtliche Begriff. Die Kinder sind Antiken.

So versteht man das Ich nur, sofern es vom Nicht-Ich repräsentiert wird. Ein Element ist ein Kunstprodukt.

Je ruhiger der Geist seyn will - je regsamer - desto mehr muss er den Körper zu gleicher Zeit auf eine *geringfügige* Weise zu beschäftigen suchen -

Musik - Essen - schöne Bilder fürs Auge –
Gerüche - Frottiren oder Herumgehn.

Analogische Analysis – Kunst,
aus bekannten das Unbekannte zu finden.

Sprechen und Hören ist Befruchten
und Empfangen.

Freyheit und Liebe sind eins.

Anschauung ist elastischer Genuss ...
Berührung in distans.

Schlaf ... der Körper verdaut die Seele.

Ein fremdes System ist der Reitz
zu einem Eigenen.

Je weniger ein Buch in eine Tafel (Tabelle)
gebracht werden kann, desto schlechter ist es ...
Combinatorische Analysis.

Die Welt wird dem Lebenden immer unendlicher drum kann nie ein Ende der Verknüpfung des Mannigfaltigen, ein Zustand der Unthätigkeit für das denkende Ich kommen - Es können goldne Zeiten erscheinen - aber sie bringen nicht das Ende der Dinge - das Ziel des Menschen ist nicht die goldne Zeit - Er soll ewig existieren und ein schön geordnetes Individuum seyn und verharren -

Die höchste Vollkommenheit der denkenden Intelligenz ist, selbst im Fremden, Gegebenen frei zu sein ...

Das Object soll uns, als Product des Ich,
bestimmen, nicht als bloßes Object.

Das eigentliche philosophische System muss Freiheit und Unendlichkeit ... Systemlosigkeit in ein System gebracht sein.

Vernunft entspricht der Zeit, Verstand dem Raum. (Raum Theorie, Zeit Praxis) Körper machen Raum, Seele macht Zeit. Die Thätigkeit des Raumes und der Zeit ist die Schöpfungskraft.

Räume und Zeiten sind Symptome
von Schwäche.

Die bisherigen Begriffe von Gott waren ziemlich richtige Ideen vom Menschen.

Der persönliche Gott ein romantisirtes Universum ... Gott will Götter.

Der Empirismus endigt mit einer einzigen Idee, wie der Rationalismus mit einer einzigen Erfahrung anfängt.

Des Verwandlung eines einzigen oder mehrerer Sätze in ein Problem ist eine Erhebung. Ein Problem ist weit mehr als ein Satz .. allumfassendes Problem.

Das Gedächtnis ist unser Individualsinn.

Die vollendete Speculation
führt zur Natur zurück.

Nur durch einen Sprung kommt man vom Allgemeinen, Willkürlichen, ... auf das Besondere, Individuelle - Bestimmte.

Der Gelehrte muss sich das Fremde aneignen
und das Eigene fremd machen.

Je größer und höher das Ganze,
desto merckwürdiger das Einzelne.

Die Beschränckungsfähigkeit wächst
mit der Schrankenlosigkeit.

Aus Trägheit will der Mensch bloßen Mechanism oder bloße Magie. Er will nicht thätig sein - seine produktive Einbildungskraft brauchen.

Der Witz ist schöpferisch,
er *macht* Ähnlichkeiten.

(Klafft zwischen mir und meinem Werk
eine ganze Welt oder der Weltraum?)

Der Künstler gehört dem Werk
und nicht das Werck dem Künstler.

Wenig Menschen sind Menschen - daher die Menschenrechte äußerst unschicklich, als wirklich vorhanden, aufgestellt werden.

Die Möglichkeit der Selbstbegrenzung ist die Möglichkeit der Synthesis - alles Wunders und ein Wunder hat die Welt angefangen.

Amor ist es, der uns zusammengedrückt ... Die eigentlich wollüstige Function ist die am Meisten Mystische...

Die drei Dimensionen sind Resultat
der Reduction unendlicher Dimensionen.

Der AbstractionsCalcül der Philosophie ist vollkommen dem Infinitesimalcalcül zu vergleichen.

Wir verstehen natürlich alles Fremde nur durch Selbstfremdmachung und ... Selbstveränderung.

Wären wir nicht von Grund auf mathematisch,
nähmen wir keine Unterschiede wahr.

Die Philosophie ist eine Selbstscheidungs- und Verbindungskunst - eine Selbstspecifications- und Generationskunst.

Ewigkeit ist ein Zeichen geistloser Wesen.

Aller Zufall ist wunderbar ...
Der Dichter betet den Zufall an.

Alles Object wird Reitz (und Formel) einer neuen Objection. Es ist die unterste Reihe - das nächste Subject ist die Differenzenreihe. Es ist ein Geronnenes - und das Subject ein Flüssiges ... beyde in Einer Function.

Fichte ... eine Ähnlichkeit mit Plotin.

Das apriori Wissen ...
ist ein Ernähren ohne zu essen.

Ähnlichkeit des Nasenschleims und des Saamens
- das Gehirn gleicht den Hoden.

Die genialischen Einfalle und Methoden sind hier (bei Kant und Fichte) in ein System gebracht ... Alles ist so steif, so ängstlich noch.

Alle Vereinigung des Heterogenen führt
auf Unendliches ... Mystische Geometrie.

Man versteht Künstler,
indem man selbst Künstler ist und wird.

Absichtliche Zufallsprodukte ... freie Catenation.

Alles Erzeugen ist eine polemische Operation.
Wollust der Synthesis.

Ein Körper verhält sich zum Raume
wie ein Sichtbares zum Licht.

Magnetismus verhält sich zur Schwere
wie Elektrizität zur Wärme.

Jeder Gegenstand läßt sich (beynahe) zum Gegenstand einer besonderen Wissenschaft machen.

Hätten wir nur eine Fantastik wie eine Logik,
so wäre die Erfindungskunst - erfunden.

Denken ist Wollen oder Wollen –
(magisches) Denken.

Der Handelsgeist ... setzt alles in Bewegung und verbindet alles.

Die Philosophie ist von Grund auf antihistorisch, sie erklärt die Vergangenheit aus der Zukunft.

Die Hypostase versteht Fichte nicht.

Individuen vereinigen das Heterogene - in eine Gemeinschaft des Zwecks und der Arbeit ... Ein Individuum ist ein magisch - willkürliches Princip - ein grundloses Leben - ein persönlicher Zufall.

Je isolierter, desto wircksamer.
Corpora non agunt, nisi soluta.

Aus Oeconomie gibt es nur Einen König. Müßten wir nicht haushälterisch zuwercke gehen, so wären wir alle Könige.

Echte Mathematik ist das eigentliche Element
des Magiers.

Aller Genuss ist musikalisch,
mithin mathematisch.

Das höhere Leben ist Mathematik ... Reine Mathematik ist Religion.

Im Morgenland ist die echte Mathematik zu Hause. In Europa ist sie zu bloßen Technik ausgeartet ... Die Zahlen sind die Drogen. Die Höhere Mathematik enthält am Ende nur Abkürzungsmethoden.

Die Welt ist ein gebundener Gedanke. Wenn sich etwas consolidirt, werden Gedanken frey - Wenn etwas aufhört, werden Gedanken gebunden.

Alles geht nach Gesetzen und nichts geht
nach Gesetzen.

Alles was man denken kann, denkt selbst -

Der Ausdruck Sinnbild ist selbst sinnbildlich.

Poesie ist wahrhafter Idealismus ...
Selbstbewusstsein des Universums.

Der Ernst muss heiter,
der Schmerz ernsthaft schimmern.

Jede Krankheit kann man Seelenkrankheit
nennen.

Wahrscheinlich sind Krankheiten der interessanteste Reiz und Stoff unseres Nachdenkens und unserer Tätigkeit ... Noch kennen wir nur sehr unvollkommen die Kunst sie zu nutzen.

Aller innere Sinn (Zeit) ist Sinn für Sinn.

Man ist allein mit dem, was man liebt.

Die Menschheit grünt und blüht,
welkt und ruht zu gleicher Zeit.

Philosophie ist also - Sophistik des Ich -

Was rechts an der Person ist, ist links im Bilde.

Das reine Ich ist nicht anders geteilt, als insofern es Eins ist, und nicht anders Eins, als insofern es geteilt ist.

Das Individuum wird ... das rein Systematische sein, das nur durch einen einzigen absoluten Zufall individualisirt ist, z.B. durch seine Geburt.

Zerlegung eines Zufalls ... ins Unendliche ... durch successive Eindringung...

Spielen ist experimentieren mit dem Zufall.

Wir *suchen* überall das Unbedingte,
und *finden* immer nur Dinge.

Der Geist führt einen ewigen Selbstbeweis.

Nietzsche war ein später Frühromantiker der aller objektiven Fakten entfremdeten Subjektivität.
Nietzsche pries die Sinnenlust, indem er seine Leser verletzte. Plato tröstete seine Hörer, indem er die Geistesfreuden rühmte. Besser christliche „Moral der Schlechtweggekommenen" als Nietzsches Amor(al) der Zugutwegkommenden.
Er philosophierte mit Gummihammer und Satzfeile, ein Sitzzwerg auf den Schultern des Übermenschen.
Auch Nietzsche und Foucault wollten an die Macht – durch Philosophien des Machtwillens.
Dass Platon, Spinoza und Kant nur Spinner seien, denkt der Spießer. Nietzsche bestätigte ihn nur.
Irren ist menschlich. Dann ist die Wahrheit mit Nietzsche als unmenschlich zu bekämpfen.
Nietzsches Wille zur Macht will gar nichts wissen. Auch nicht von uns.
Atheisten glauben an Nietzsches toten Gott, der sie erlöst von Rechenschaft und Gericht.

Aphorismus und Philosophie

Die *Lebensphilosophie* war und machte nicht sehr lebendig, und die *Existenzphilosophie* sicherte nicht einmal das nackte Existenzminimum. „Die meisten Menschen leben nicht, sie existieren nur.“ (Wilde)

Die *Phänomenologie* war ein Phänomen, aber ein viel zu betulich geschärftes Messer, um scharfsinnig schneidend zu wirken. Sie kam eidetisch nie zur Sache und zum Wesentlichen, das gesellschaftlich sein Unwesen treibt; die Unwesenshow hat Erfolg.

Die angelsächsich *Analytische Philosophie* kommt ohne Psychoanalyse zu nicht sehr tief(gründig)en Gedanken und verzettelt sich als ein akademischer Common Sense in Spezialproblemen, statt kurz und bündig zur Ursache des großen Ganzen zu kommen.

Der *Strukturalismus* war eine Systemtheorie, die wie jede *Sozialphilosophie* kaum jemals zum zweifelhaften Individuum und fragwürdigen Subjekt vorstieß. Der *Positivismus*, ob Neo- oder Retro-, verkam zum positiven Denken ohne das Salz negativer Dialektik.

„*Kommunikatives Handeln*“ als Konsensaktivismus machte ein listenreich individuelles Unterlaufen von gesellschaftlichen Systemen niemals zum Thema.

„*Philosophie des Geistes*“ ist bisher nicht geistreich genug, um sich so nennen zu dürfen, wenn sie nicht Hirnforschung oder Neuronenbiologie werden will.

Konstruktivismus hat bisher kein einziges Bonmot aus einer Hirnzelle befreit, sondern nur unsere Weltbilder aus geistlosen Köpfen abgeleitet.

Idealismus hat es nun mehr mit Subjektivismus zu tun und mit wertfreien Idealwerten statt mit frischen Ideen. *Materialismus* führt eher zur Verstopfung des Geistes und der *Realismus* zum Verrat an Ideen.

Die *Metaphysik* verkam inzwischen von klassischer *Ontotheologie* zu einer metalinguistisch verdünnten Sprach(spiel)philosophie von Stammlern.

Meta-Ethik und *Moralphilosophie* kommen schon ganz ohne Traditionen europäischer Moralistik aus.

Naturphilosophie wurde bloße Naturwissenschaftstheorie oder ökologistische Ideologie statt Lehre von menschlichem Naturell in giftgrüner Natur.

Kosmologie ohne chaotische aphoristische Quanten sucht die Weltformel der „Great unified theory of everything“ (GUT) nur in einer Relativitätstheorie ohne gnomische „Superstrings“.

Ästhetik ist die Kunst zu sagen, dass nur noch Kunst sei, was Künstler dazu erklären, und kommt schon ohne Realparadoxe aus wie die Formale Logik.

Die *Erkenntnistheorie* als Form der Wissenschaftstheorie vermisst keine Gnome (griech. 'Erkenntnis') und Gnomologien, weil sie nicht mehr unschlichtbare Konflikte zwischen nomothetischer Naturwissenschaft und idiographischer Kulturwissenschaft, zwischen Herde und Individuum (an)erkennen will.

Geschichtsphilosophie ist längst ersetzt durch Historisierungen, welche die Geschichte der Geschichtsfeinde und Geschichtsfluchten gern unterschlagen.

Kulturphilosophie beschäftigt sich nicht mit sozialer Virtuosität kultivierter Individuen und Salons.

Wissenschaftsphilosophie bleibt ohne Witz an der Sache und *Religionsphilosophie* ohne Gesetz Gottes wie *Sozialphilosophie* nun ohne fundamentalistische Unterschicht, die längst aus dem Fokus rutschte.

„Gesellschaftsphilosophie“ verschweigt gewöhnlich die asozialen Sophisten und Subjekte der Bohème.

Was ist eine *Wirtschaftsphilosophie* ohne Arbeiter, Arbeitslose und „arbeitsscheues Gesindel“, was eine *Bildungsphilosophie* als bloße Ausbildungskultur voll medialem Bilderkult?

Wäre eine *philosophische Anthropologie* ohne die moralistische Menschenkunde überhaupt möglich?

Die *Kritische Theorie* der „Frankfurter Schule für Sozialforschung“ hatte besonders bei Adorno den Aphorismus, aus der Feuilletonflachheit befreit, als genuin philosophische Form wiederentdeckt und in negativer Dialektik gegen geistige und gesellschaftliche Zwangssysteme aufgeboten wie philosophisch ausdrücklich gerechtfertigt. Die Methode der unmethodischen Sentenz ist eine literarische Kunstform ohne argumentative Begründungszusammenhänge, kein wissenschaftlicher Protokoll- und Basissatz.

Ausgewählte
Förder-, Volks- und Hilfsschulweisheiten

Zur Welt kommen heißt jetzt,
alle Abtreibungsversuche zu überleben.

Modern Times : Technische Produktion
künstlicher Mütter.

Wer zu leicht eine Arznei nimmt,
nimmt seine Krankheit zu leicht.

Fortschritt lässt sich nicht einmal mehr
durch Revolutionen aufhalten.

Das einzig Gute im Menschen ist sein schlechtes
Gewissen – gewesen.

Greise reden zu viel,
weil sie nichts mehr zu sagen haben.

Alte glauben sich zu erinnern,
woran sie sich gestern noch erinnern konnten.

Heute kennt man nur die Einzelheiten.
einst kannte man einzig die Einheit.

Unser prominentes *Waldsterben* lenkt auch nur ab von den Welthungertoten.

Kant verkannte das Unding an sich,
wenn er seine Erscheinungen hatte.

Selbstmitleid ist besser als Mitleidlosigkeit.

Einst trugen Frauen Winterpelze aus Nerz, heute tragen Nerze Sommerkleider aus Frauenhaut.

Wer nichts riskiert, geht das Risiko ein, seine Chancen zu verpassen : „Wer verliert, gewinnt".

Fehlt dem Morgenland die Demokratie
wie dem Abendland die Religion?

Was tot ist, ist es total, sagt der totalitäre Atheist.

Man kostümiert sich gern als nackte Wahrheit.

Kerle sind und haben Raubeine oder Schlaubeine. Jedes Raubein schwört Stein und Standbein, nicht mit dem Tanzbein im Elfenbeinturm zu sitzen.

Trinkt ein Pilz zehn Pils,
wird der Giftpilz zum Glückspilz.

Bei keiner Operation
kommt kein Opus Magnum heraus.

Zu jedem stabilen Etablissement gehört es,
dass seine Rebellen mitetabliert sind.

Heiliges ist heilsamer als manche Pharmafirma.
(griech. „pharma“ : Zauber, Blendwerk)

Ein grinsender Pedell ist ein winselnder Rebell.

Stammen auch Aphoristiker letztlich ab von *Kains* magiebegabten Söhnen (*Jubal* und *Chanokh*)?

Welcher magische Aphorismus trifft das Zauberwort, das alles zum Klingen und Springen bringt?

Meine 80 Jahre kommen mir vor wie acht,
die künftigen acht aber wie 80 Jahre.

Seit Technik die Naturbeherrschung übernahm,
ward Kultur ein arbeitsloses Hobby.

Man zweifelt am abstrakten Denken,
ohne das keine konkrete Skepsis denkbar ist.

Der feste Zweck des Staates liegt in der Macht,
sich keine festen Zwecke vorschreiben zu lassen.

Statt Maschinenstürmer
gibt es nur noch Bilderstürmer.

Du kannst etwas umso weniger leiden,
je weniger du dafür leiden musst(est).

Wir bestrafen die uns Liebenden
für die uns nicht Liebenden.

"Alle Menschen sind gleich"e Ausnahmen
von derselben Regel.

Wer weiterdenkt als ein Aphorismus,
hat einen besseren geschrieben.

Man hat den Kopf voller Sorgen,
um nicht als Hohlkopf zu gelten.

Materialisten denken nicht, was sie sind,
und Idealisten sind nur, was sie denken.

Durch deine Bemühungen, nicht aufzufallen,
fällst du besonders auf.

Wer sich länger frei fühlen will,
muss nur unentschlossen bleiben.

Sehenswürdigkeiten bleiben
gewöhnlich unsichtbar.

Wer für sich ist, ist gegen uns,
und wer protestiert, ist prostituiert.

Gemeinsamkeit nimmt uns gefangen,
Einsamkeit die Fesseln ab.

Hat Obrigkeitsdenken sich modernisiert
zum Sozialstaatspatriotismus?

Es gibt kein herrenloses Gut mehr,
erst recht nicht unter Menschen.

Ein Autor schuftet sich am Schreibtisch zu Tode,
damit einige Romanfiguren lebendig wirken.

Wer über den Wolken thronen will,
muss erst unter die Erde.

Ein Proletarier in der Demokratie ist ein Sklave,
der alle bürgerlichen Rechte besitzt.

Wer früher enge Grundsätze hatte,
hat heute weiten Grundbesitz.

Wirft man den Narren aus der Anstalt,
wird er nicht freier.

Scheckbücher leben auch von Büchern,
die gegen sie geschrieben werden.

Zu viele Linke sind Kämpfer, die sich an
gerechter Verteilung der Armut bereichern.

Willst du häuslichen Frieden,
rüste zum Geschlechterkrieg!

Lieber ein Volk der dichtenden Richter
als der henkenden Denker!

Die allgemeine Popkultur züchtet
überall gemeines Volk.

Jede übergreifende Einheit neigt zum Übergriff
auf Einzelne.

Um sich frei zu machen,
macht der Höfling sich zum Narren.

Man kommt eher auf einen grünen Zweig
als auf einen eigenen Gedanken.

Die Welt verschlägt dem Aphoristiker
die Sprache der dicken Wälzer.

Seit Darwin haben sich unsere zwischen-
gorillanischen Beziehungen nicht verbessert.

100 Mrd. Galaxien zu je 100 Mrd. Sternen
in 100 Mrd. Hirnzellen?

Es ist schon eine Form von Dummheit,
seinen IQ messen und erhöhen zu wollen.

Als gleich gelten uns nur die Menschen,
die uns gleichgültig bleiben.

Auch über Illusionen kann man
sich welche machen.

Viele schwimmen mit dem Strom,
gegen den Strom zu schwimmen.

Verkriech dich vor der Summe aller Blickwinkel
in den *Herrgottswinkel.*

Wer mehr sagen will,
darf nicht zu viel zu sagen haben.

Wer Recht hat, wirkt rechthaberisch.

Ein Stümper wird nicht eher begabt
als ein Talent genial.

Der kürzeste Weg zum *Himmel auf Erden*
geht zum Teufel und fährt zur Hölle.

Der Fernseher steht zwischen mir
und der Fernsicht.

Des Gedankens Blässe sucht gern Blutbäder.

Auch wer mit dem Strom schwimmt,
kann ertrinken.

Wer äußerliche Werke verinnerlichen will,
muss innere Werte veräußern.

Das Mahlzeiten und nicht das Mahlen
ist des Müllers Lust.

Die Freiheit liegt an der längsten Leine.

Wer gegen den Flüchtlingsstrom schwimmt,
muss kein Held sein.

Ein Metermaß kann mit dir allein
seine Länge nicht bestimmen.

Lasst die Sonne nur herein und
nicht nur euer Licht leuchten über uns!

Im Alter zu jung bleibt mancher,
der schon im Jugendalter veraltet war.

Kunst ist eine alte Erfindung, die neue Erfindungen erträglicher und unschädlicher macht.

Der Perverse gewinnt die Impotenz
des Abstinenten zurück.

Eine erträgliche Muße ist mir die Arbeitslast,
die mich trägt.

Ist der Mensch das Maß aller Dinge,
kennt er keins mehr.

Menschen würden ihrer *Menschenwürde*
würdiger werden wollen.

Schöpferische "Kunst kommt vom Können"
der Schöpfung in uns.

Psychologen und Soziologen erklären Menschen
zwischen zwei Geschichtsepochen.

Bloße Köpfe atmen leibhaftige Sinnlichkeit,
nackte Körper nur abstrakte Mechanik.

TV, PC, analphabetische Bücherverbrennungen
von heute.

Kämpf gegen deine Schwächen,
für deine Stärken kämpft deine Natur.

Jungen fehlt noch vieles.
Alte fehlen nicht vielen mehr.

Industrie- und Sozialarbeit vermehren Bedürftige
schneller, als ihnen zu helfen.

Je dicker ein Buch, desto ungefährlicher.

Aufstände helfen dem Volk, statt Ketten
Illusionen über seine Chancen zu verlieren.

Dein Talent, für das du nichts kannst,
schafft Werke, auf die du stolz bist.

Man wird auch dadurch langsam besser,
dass man Güte lange genug vorspie(ge)lt.

Wer originell sein will,
folgt modischen Originalitätsmustern.

Ein guter Künstler muss sich eine Welt
wünschen, in der seine Kunst sinnlos würde.

Wer keine Klassiker liest,
will keinen Abstand von sich gewinnen.

Jedes Weltbild bildet nur eine Bildwelt.

Alle Menschen sind gleich – außer den großen.

Ein Mensch ist machtlos,
doch nicht ohnmächtiger als die Menschheit.

Naturalisten überwinden Idealisten,
weil Niedertracht die Verstiegenheit unterbietet.

Pornographen sind nicht glücklicher als Puritaner.
Angst, von Gefühlen überwältigt zu werden, eint sie.

Wer an nichts mehr glaubt,
muss auf technische Neuerungen vertrauen.

Um viele Menschen zu verstehen,
genügt die Statistik.

Bist du lesbar, verstehen dich Bücher.

Natur, die elektrisch ausgebeutet wird,
wird nicht elektronisch geschützt.

Wer nicht will, dass irgendetwas zählt, leugnet Gott.

Der Computer missbraucht den, der ihn braucht.

Von sozialen Problemen reden nur die,
die keine haben.

Niederträchtiges, das uns beeinträchtigt,
trägt zur Eintracht bei.

Die Aufklärung bringt alles an ein blendendes Licht,
das es für uns sofort verdunkelt.

Befreundet wirken Leute, die einander mehr Stärken
als Schwächen verzeihen.

Wer ist viel klüger als die,
mit denen er sich am liebsten unterhält?

Man kann originell kopieren,
aber nur epigonal erfinden.

Die Tragiker von heute wirken
wie die Humoristen von morgen.

Gedankenfreiheit kommt als Gedankenlosigkeit
auch von *Pascals* Herzen.

Unter lauter Leichen wirkt jeder Lebende
wie ein Geist.

Sturm und Drang erntet auch,
wer viel Wind im Wasserglas macht.

Wirst du vergesslich, vergisst du vieles.
Wirst du unvergesslich, vergessen dich wenige.

In aufsässiger Jugend enge Grundsätze,
im gesetzten Alter weiter Grundbesitz?

Der eine kommt nicht mehr zu sich,
der andere zu nichts anderem mehr.

Schlecht ist Musik, die den Hörer ermutigt,
selber welche zu machen.

Man fordert oft verbriefte Gewissensfreiheit
und meint Freibriefe für Gewissenlosigkeit.

Viele Leute leben gerade so moralisch,
dass man sie nicht einsperren kann.

Vergibt man nur solchen Leuten,
von denen man sich noch etwas erhofft?

Humorlose Menschen werden zur Strafe
selber komische Figuren.

Entweder Gruppendruck ist Moral
oder verdrängt sie.

Das Ziel vor Augen ist das Brett vorm Kopf.

Ein Philosoph blutet nicht durchs Leben.

Frauenlob, Fürstenlob und Selbstkritik
waren immer Ironie.

Wachs in Händen? Eine Gesellschaft erzeugt heute
Wachstum oder Erwachsene.

Wer hat nicht den Vogel zu glauben,
dass er keinen hat, den nicht jeder hat?

Recht ist, was keinem recht ist.

In der Kunst gewinnt Leben mehr Gewicht
und verliert seine Schwere.

Hohlköpfe werden nicht abgeschlagen.

Manch geistreiches Werk
will nur bettelarme Vorfahren rächen.

Wer eine finstere Zukunft weissagt,
kann nicht als Prophet gelten.

Der beste Feind befreit vom falschen Freund.

Du erschrickst und forschst nach.
Nun weißt du wenig und döst weiter.

In Worte fassen Denker,
in Worte verwandeln Dichter die Welt.

Ein Buch ist gut, das die Güter der Welt
buchstäblich in bloße Buchstaben konvertiert.

Unangepasste passen sich auch denen nicht an.

Der Raum hat die Größe der Körper,
die Seelen haben die Größe der Zeit.

Leidenswege starten mit Liebe,
Lustspiele enden mit Leichen.

Willst du dich wertvoller finden, opfere dich dem,
der deiner nicht wert ist.

Wer nur ehrliche Politiker will,
will eher Ehrlichkeit als Politik.

Gedanken, die zum Denken anregen sollen,
sind selten weit genug gedacht.

Deine guten Gene werden weitervererbt,
doch nur samt deiner bösen Lebensbilanz.

Werbeanzeigen lügen, verraten aber
die letzte Wahrheit der Medien.

Man kann gut auskommen mit Geld
oder mit Menschen.

Nach Betriebsschluss herrscht Betriebsamkeit.

Man stirbt sich aus seiner Unwissenheit heraus.

Das achte Gebot erfüllt am leichtesten,
wer immer nur von sich redet.

Der *Stein der Weisen* wird ihnen in den Weg gelegt,
um sie zu steinigen.

Hast du Feinde, verfeinde sie miteinander.

Wer sich nicht bereichern kann,
muss die Währung wechseln.

Die Institution der Ehe ist mehr
als das Gestattungsinstitut der Vorlieben.

Absolut(istisch)e Herrscher strafen
durch erteilte Absolutionen.

Unwissenheit führt keine Inhaltsverzeichnisse.

Der Reiche steuert seine Flugzeuge,
der Arme seinen Himmel bei.

Wer vergisst Augenblicke,
in denen er sich vergessen hat?

Die Welt steht vor uns wie die Realität
vor der „Realität".

Vernunft : Kleinster gemeinsamer Nenner
zwischen verfeindeten Arten von Verrückten.

Das Verbot ist eine Vernunft,
die nicht an sich glaubt.

Wer ein Problem nicht versteht, löst es.

Ein hohler Kopf enthält nur noch
gesunden Menschenverstand.

In jedem liebst du den, der er dir zu sein erlaubt.

Rufe, und du wirst kommen!

Paris, die Stadt der Bonmots
über schlechte Geschlechtsliebe.

Wonderbras pushen Mundvoll hoch
zu Handvoll Wunder.

Der O-Bus ist fast ausgestorben. Dieses E-Mobil *spurt* nur wie die Straßenbahn.

Man hat das Muttermal auf dem rechten Leberfleck. Und das Vatermal?

Die Oktanzahl des Blutes gibt an,
wie klopffest das Herz ist.

Niest ein Mensch,
genießt die Nase ihren Orgasmus.

Gehen weibliche Muskeln und männliche Zungen bessere Ehen ein?

Ist ein tibetanischer Lama so schafsgeduldig stur wie ein peruanisches Lama?

Ein Baby ist noch saugfähig wie ein Schwamm.

Niemand wird nur in die Ecke gestellt, um die er andere bringt.

Der Politiker wird von seinen Wählern gefressen, weil er nur das tut, was sie an seiner Stelle auch nur tun (könnten), doch heute werden Kannibalen auch von ihren Opfern gefressen.

Wissenschaftliche Ergebnisse sind meist nur Falschmeldungen. Sie werden bald überholt sein.

Aphoristische Gaukler, Artisten und Akrobaten: Machtdekoration oder unschuldiges Kinderspiel?

Zerbricht perfektionierte Zivilisation an der unvollkommenen Gesellschaft oder umgekehrt?

Freiheit nur aus Erdreich, Wasser und Licht!

Nimrod. Jagt der Jäger nur Jäger?

Was aus einer Theorie nicht folgt, verfolgt sie.

Niemand kommt auf eine Idee, die ihm kommt.

Imponieren können Spießer bestenfalls
als Verbrecher.

Man offenbart sich in Kleidungen
und verbirgt sich in Selbstdarstellungen.

Der Lahme glaubt dem,
vor dem er wieder sein Knie beugen kann.

Illusionslos kann nur sein,
wer sich nicht dafür hält.

Sex hat bloß ein Amor ohne Flügel.

Der Kluge findet einen Frieden,
den er nicht erst schließen muss.

Schweigen (des Knechts) ist Gold (des Herrn).

Man übt lieber Selbstkritik als Selbsterkenntnis.

Meinungsfreiheit : Jeder darf alles fernsehen,
was gesendet wird.

Künstler wollen lieber verrissen werden,
als Kollegen gerühmt zu hören.

Gefährliche Leser machen den Buchautor haftbar
für ihre Randnotizen.

Mehr Kluge als Dumme kämpfen gegen Klugheit.

Ein unersetzlicher Mensch
kann auch keinen anderen ersetzen.

Wer kein Esel sein will, muss ein Schwein werden
oder ziemlicher Fuchs sein.

Solange dir jeder die Wahrheit sagt,
gehörst du noch zur Unterschicht.

Geschichte machen heißt Vorgeschichte fälschen.

Kein Kopf denkt sich selber aus,
doch jeder den des Nachbarn.

Bei Berührung mit Träumen
zerplatzen wirkliche Seifenblasen.

Hinter den Theaterkulissen
werden auch Stücke gespielt.

Wer würde je selber auf das kommen,
woran er glaubt?

Der *Homo Faber* ist heute
wie ein frischgebackener Bäcker.

Wähler verbeugen sich vor Regenten,
die ihnen Beifall spenden.

Staatsdiener haben Formulare
auch für unsittliche Anträge.

Die meiste Kritik und Panegyrik verträgt,
wer sie nicht verdient.

Greise besiegen Todesangst durch Demenz.

Ein Bombenerfolg von Mordskerlen
ist im Schlachtfest ein Mordsspaß.

Ewige Wahrheiten langweilen uns mehr
als das ewige Leben.

Gib keine Meinungen von dir,
ohne bessere einzuhandeln.

Wer kommt einem Original näher als der Fälscher?

Freiheit ist die Fähigkeit,
sich ein schlechtes Gewissen zu machen.

Wer liebt seine Gönner mehr als seine Feinde?

Durchblicker sind durchsichtig,
doch Durchschaute durchschauen nichts.

Nur glattpolierte Gedanken spiegeln
die rohen Dinge.

Wer Anteil nimmt an mir,
nimmt sich seinen und meinen Anteil.

Am wirksamsten tritt man aus einer Partei aus,
indem man ihr Chef wird.

Angedrohte Arbeitslosigkeit hebt
kapitalistische Arbeitsmoral.

Gefolgschaft und Verfolger folgen auseinander.

Fällt dir nichts auf und ein,
fällst du nicht auf und rein.

Hasenherzigkeit schlägt Barmherzigkeit.

Könnte man Erfahrungen *machen*,
würde man nie etwas er-fahren.

Vernunft gilt als intelligenteste Art von Angst.

Mancher erfindet die Wahrheit,
wo er die Falschheit entdeckt.

Aphoristiker versteht, wer jedes Wort versteht,
das sie nicht sagen.

Finanzexperten sind am Geldmachen
nicht durch Erwerbsarbeit gehindert.

Schwierige Autoren schreiben gern
für Bibliotheken.

Alles Nichtssagende sagt alles,
alles Vielsagende viel weniger.

Können Frauen männliche Privilegien abschaffen,
ohne ihre eigenen zu opfern?

Einen Rechtsbruch riskiert,
wer zu lange auf sein Recht pocht.

Wer der Jugend ihre Weisheit neidet,
missgönnt auch Greisen ihre Kraft.

Beschädigt eine gute Idee die Realität,
profitieren beide.

Wege sind die letzten Chancen,
vor unseren Zielen umzukehren.

Die meisten wollen für das Geld mehr tun,
als es für sie tun kann.

Erkenn dich mit den Augen dessen,
was du erkannt hast.

Durch Lob und Preis werden mehr Talente
als Unvermögen zerstört.

Ich müsste wohl eigentlich, doch muss gar nicht.

Wer der Wahrheit wehren will, warnt vor der Lüge.

Theorie & Praxis : Wer *über* Menschen nachdenkt,
will *mit* ihnen handeln.

Existenzgewinner werden den Existenzkampf
nie abschaffen.

Die verarmen, umarmen sich nicht.

Wer baden geht, kann keinem das Wasser reichen.

Die Jagd darf nicht mehr Kraft kosten,
als die Beute gibt.

Oft differenziert man nur,
um eine Wahrheit zu verwässern.

Du bist tief ergriffen. – Wurde ein Täter ergriffen?

Nicht alles ist durch Rechner simulierbar.
Aber das zählt dann auch nicht.

Nicht jeder, der ganz klein gemacht wird,
wächst danach besser.

Eine Hand wäscht die, die ein anderer ihr gibt.

Allein Gebildete sind bildungshungrig.

Keiner fürchtet den Tod mehr,
als wer das Leben fürchtet.

Mach´s gut, mein Lieber – aber nicht besser als ich.

Wer anders ist als andere, muss noch nichts *sein*.

Hunde bauen einander keine Hundezwinger.

Empfindlichkeit klagt über die ihrer Opfer.

An mir rügst du deine Schwächen,
nun rühm auch an dir meine Stärken.

Schlechtere Menschen sind bekannt
als die besseren Menschenkenner.

Manches ist zu notwendig,
um sich wirklich zutragen zu können.

Wer mir den Kopf wäscht,
macht mir nicht den Mund wässerig.

Marionetten hängen an den Drähten,
an denen sie hängen.

Wer Nöte beheben kann, muss Öde beleben.

Mancher ist verdammt durch seine Gaben
und erlöst durch seine Fehler.

Seltener Mut schadet mehr als dauernde Feigheit.

.

Mein Gewissen spricht nicht mit meiner Stimme.

Schlau ist, wem Klugheit nützt.

Alles erfreut weniger, als sein Fehlen schmerzt.

Man lässt Menschen und Autos warten.

In den Weg gelegte Steine weisen ihn dir.

Darwin? Anpassungsfähige sind unfähig,
mehr als nur zu überleben.

Alter gilt nun als Jugendtorheit
und ewige Jugend als Altersweisheit.

Teilen tausend Menschen eine Meinung,
bleibt für jeden nicht viel übrig.

Spitze Zungen spitzen die Ohren oft zu wenig.

Persönliche Anwesenheit
ist noch keine große Geistesgegenwart.

Die besten Worte finden sich immer
für nicht so gute Gedanken.

Ingenieure genieren sich vor keinem Genie.

Kopflose überragen Verkopfte.

Wer mir einen Spiegel vorhält, zeigt mir nur,
wie schön ich mich finde.

Der Künstler fertigt von vielen Kopien
ein Original an.

Tagträume werden nachts wahr. Im Schlaf.

Mächtige suchen deine Stärken,
Ohnmächtige deine Schwächen.

Man begräbt unter sich jeden,
auf den man zu viel Wert legt.

Fortschritt? Himmel oder Hölle –
weiter geht´s nicht.

Jeder hat immer nur das Wort,
das die Gesellschaft ihm gibt.

Das Jenseits ist auch nicht unbekannter
als das Diesseits.

Nur Genies sehen mehr Spuren hinter sich
als vor sich.

Es gibt nur *Goldene Zeitalter*,
und keines gibt sein Gold her.

Wer durch mich hindurchschaut,
durchschaut mich nicht.

Deine Vorstellungen stehen deinen Augen im Wege.

Ziele verdecken die Zukunft,
Erinnerungen die Vergänglichkeit.

Ein Knecht des HErrn kann
kein Knecht der Herren sein.

Wo Freiheit herrscht, da herrscht sie auch über uns.

Wer dich übersieht, verfehlt
oder wie Luft behandelt, trifft dich.

Erbärmlich, wer sich des Erbärmlichen
nicht erbarmt.

Du kannst wählen : Gemeinsam mittelmäßig
oder einsam maßlos.

Gewöhnlich reden Aussagen sich nur
aus ihrer Sprachlosigkeit heraus.

Das Beste hat aber auch sein Gutes.

Liebe : Zwei Ungenauigkeiten
passen genau ineinander.

Du willst immer etwas tun für den,
gegen den du dir noch zu helfen weißt.

Du hast die Wahrheit schon gefunden.
Sie sucht dich noch.

Wer sein Leben er-zählt, nummeriert
nur seine großen Augenblicke durch.

Mach dir ein Bild vom Ganzen und sieh:
Du bist nie ganz im Bilde.

Alles blüht dem, was nicht mehr in Blüte steht.

Besser als Erstbestes : Theorie will, was das Beste
wäre, Praxis will, was gut genug wäre.

Kritisiert ein kritisches Denken seine Maßstäbe,
wird es unkritisch.

Wer Erfahrung hat, macht weniger Fehler,
wenn er Erfahrungen macht.

Das dümmste *Groupie* schwärmt nun
von seiner *Schwarmintelligenz.*

Wer selbstbestimmt lebt,
ist von seiner Bestimmung selbst gefesselt.

Erst war deutsche Kultur unpolitisch,
dann deutsche Politik unkultiviert.

Kultur gibt es nicht mehr ohne Freiheit,
die Freiheit aber nur noch ohne Kultur.

Einst wurde Pflichttreue,
nun werden Menschenrechte vorgetäuscht.

Vernunft ist der Tic, Andersdenkende als
Irrationalisten zu vernehmen und wahrzunehmen.

Geisteskraft bewegt Stubenhocker,
Geistesträgheit hält den Körper fit.

Wer Mitleid zeigt, will beweisen,
dass er es nicht erregt.

Bringt Ausbeuten mehr Kraft,
als Unterdrücken kostet?

Taten können so gut lügen,
wie Worte wahr sein können.

Amoralist? Amor stirbt nicht an Moral,
doch Moral stirbt ohne Amor.

Kann man selbst erkennen,
dass man sich nicht selbst erkennen kann?

Die Reichen brauchen ihre Mildtätigkeit
mehr als die Armen.

Man beseitigt Ausbeutung,
indem man Ausgebeutete beseitigt.

Übt das freie Wort Macht aus,
hat freie Macht sich der Sprache bedient.

Gute Menschen sind keine besseren
Dichter und Denker als schlechte.

In der Tradition steckt die Gewalt, sie zu brechen.

Wer keine Stromschläge kriegt,
hat nie eine Wirklichkeit berührt.

Der Zerfall ist die natürlichste Form der Analyse.

Wer nur seine Feinde liebt, ist noch kein Christ.

Auch Verbrecher wollen keinen Polizeistaat.

Mit heutigen Ehepartnern kann man nur
trojanische Pferde stehlen.

Wer inkognito bleiben will,
muss nur seine Maske absetzen.

Erleuchtet wirst du nur von dem Blitz,
der dich treffen soll.

Am meisten leistet im Bett,
wer fürs Brot am wenigsten leistet.

Graue Pädagogik : Nie gelobt ist genug getadelt,
und ungerügt ist vielgerühmt.

Man rät gern, nicht zu viel
auf gute Ratschläge zu hören.

Es gibt keinen üblichen Sprachgebrauch,
wie man über ihn spricht.

Feigheit kleidet sich gern in Respekt und Toleranz.

Der Kopf hindert mehr am Denken als am Köpfen.

Falle und gefalle, neige dein Haupt und steige!

Andere als bloße Rhetoriker abzutun,
ist als bloße Rhetorik abzutun.

Wer Vorläufer ehrt, ist noch nicht wert,
von Nachfahren geehrt zu werden.

Jede Zeit lässt für Thesen
andere Beweisgründe gelten.

Mimesis? Wir ahmen den Schöpfer nach,
nicht mehr seine Schöpfung.

Es gibt massive Massenmenschen,
aber keine Menschenmasse.

Um hinter eine Sache zu kommen,
muss man hinter ihre Ursache zurück.

Wer die Schinder liebt,
fürchtet sie und sich weniger.

Man wirbt darum, Gewerbefreiheit zu erwerben
gegen Gedankenfreiheit.

Je klarer die Sprache, desto unklarer die Sache –
und umgekehrt.

Leicht scheint mir höher und wahrer,
was mir schwerer fällt.

Bin ich halb impotent bei dir,
bin ich ganz verrückt nach dir.

Wer eitel ist auf das, was er ist, wird auch stolz auf das, was er nicht ist.

Selbstlosigkeit nützt dir selbst oft mehr als Eigennutz.

Begabung, wenn sie nicht Eingebung wäre, überträfe jede Eingebung,

Zieh mich nicht zu dir herab,
indem du mich auf ein Podest hebst!

Gutgemeinte Dummheit wirkt auf manchen schlimmer als böse Absicht.

Der Blinde gewahrt das Donnerwetter
und der Taube den Geistesblitz.

Redefreiheit gipfelt in Vogelfreiheit,
Gedankenfreiheit in Narrenfreiheit.

Kann täuschen, wer nichts zu bieten hat?

Die Gedanken sind frei – an sich zu zweifeln.

Wer das Leben genießt, wirft es weg.

Die Niederlage der Gedankenlosen besiegelt
den Sieg der Gefühllosen.

Wer was weiß, schreibt es. Wer nichts weiß, tut es.

Der Schwerfällige nennt sich gründlich,
der Leichtfertige wagemutig.

Wer mit Menschen umgehen will,
muss sie umgehen.

Wer geht durch seine ganze Innenwelt,
um ans Tor zur Außenwelt zu kommen?

Was du denkst, ist ein Sehfehler,
und was du siehst, ein Denkfehler.

Was du dir am wenigsten vorstellen kannst,
stellst du dir am liebsten vor.

Ein Kind ist noch zu jung, um nichts zu wissen,
zu können und zu sein.

Ewig lebten die Leute nur lange
vor aller modernen Medizin.

Ein gutes Verhältnis haben Leute,
die einander für schlecht halten.

Gesundes Sinnenleben hat keinen Sinn –
für Fragen nach seinem Sinn.

Je mehr Maschinen für uns arbeiten,
desto mehr schuften wir für sie.

Allein unsere Schwächen haben einen Nutzen
von unseren Stärken.

Du hältst keinen für einen Irren,
der nicht anders irre ist als du.

Gute Zeiten für Philosophen:
schlechte Zeiten für Philosophie.

Der Tod macht so viel Unsinn,
dass das Leben keinen Sinn mehr braucht.

Ohne lange Interpretationen sind Bonmots
zu selbstverständlich.

Die meisten sind Kriegs- oder Geisteshelden,
die selbst unter Foltern nicht ihr Genie verraten.

Mancher verwahrt seine Untaten,
als seien sie künftige Ruhmestitel.

Selbstlos ist, wer nicht nur aus Gleichgültigkeit
mein Selbst loslässt.

Vom Ewigen hat man immer mehr gelernt
als aus der Geschichte.

Unsinn ist Sinn unterm Mikroskop,
und Sinn ist Unsinn durchs Fernrohr.

Vielleicht ist das Leben kein Traum,
aber der Mensch eine Fata Morgana.

Lieben muss vor allem, wer fürs Recht unbegabt ist.

Antworten sind lieber Lügen als Irrtum und Irrsinn.

Die *Aufklärung* machte unaufgeklärte Weise
zu aufgeklärten Ignoranten.

Ein Autor lebt solange, wie er mehr zitiert wird
als zu zitieren.

Mancher starb ein Leben lang
und hat an *einem* Tag wirklich gelebt.

Das Selbstbewusstsein glaubt weniger Grund
zu brauchen als der Stolz.

Epigonen gehen jeder Avantgarde voraus.

Am meisten sind die neuesten Alten
durch ihre ewige Jugend gefährdet.

Perversionen werden nie stinknormal,
ohne dass Normen pervertieren.

Wer eheliche Pflichten aufhebt,
behält keine sinnlichen Neigungen übrig.

Kunst? Gaukler und Gauner gehen
einer geregelten Arbeitslosigkeit nach.

Die gelungene Fälschung eines misslungenen
Originals will gerühmt sein.

Skepsis hat viele große Untaten verhütet,
aber noch mehr große Taten.

Angesehen ist der Soldat gut in schlechten
und schlecht in guten Zeiten.

Dem Mächtigen werden die meisten Edelsteine
in den Weg gelegt.

Den Egoismus, den ich nicht hätte,
würde ich niemandem ankreiden.

Erst spart man fürs Leben, dann am Leben.

Jeder will geliebt sein, denn Liebe macht blind.

Man kriegt weniger, als man verlangt,
doch dafür mehr, als man verdient.

Entscheide dich zwischen falsch und richtig,
nicht für Schiedsrichter.

Du kannst nie mehr geben, als es dich kostet.

Wer scharf tadelt, will für seinen Scharfsinn
auch gelobt werden.

Man hasst Bessere, verachtet Erstbeste
und leugnet Gleichgute.

Wer sich entschuldigt,
bittet nicht um Entschuldigung.

Viel Wahres ist nicht gefährlich oder gefährdet,
sondern bloß ungefähr.

Werde ein besserer Mensch, und sei es,
um Rivalen auszustechen!

Jeder zeigt sich so, wie er nicht ist,
weil er so ist, wie er nicht sein sollte.

Vielleicht scheint uns nur so,
als sei alles nicht so, wie es uns erscheint.

Einstein, Picasso und Albert Schweitzer zu ehren,
soll uns nur selber ehren.

Wer sich nicht stark genug fühlt,
gibt seine Freiheit zu Recht freiwillig auf.

Der Künstler muss leider ausleben,
was seine Werke nicht ausdrücken.

Aus einem Eintopf lässt sich nicht
viel buntes Gemüse gewinnen.

Moral 2000 : Lieber soll keiner profitieren
als nur einer.

Schluss mit unmenschlicher Arbeitslosigkeit:
Ersetzt Maschinen wieder durch Menschen!

Die Treue zur Erdatmosphäre ward zum Verrat
an der Fest-Atmosphäre.

Ein Schlag- und Schimpfwort sagt mehr
als tausend Weltbilder.

Kleinbürger nennt sich der Sklave,
der sich zum Lohn Sklaven halten darf.

Pragmatiker lesen in jedem Buch
ein Dreh-, Grund- oder Scheckbuch.

Pech ist die Poesie der Praktiker –
und die Theologie der Theoretiker.

Wer weder gewinnen kann noch verlieren will,
(er)gibt sich als Pazifist.

Am leichtesten demonstriert Kultur,
wer sie überall vermisst.

Forscher bringen Verborgenes gern an ihr Licht.

Entweder wird die Welt politisch
oder der Mensch genetisch verändert.

Klügere Leute wirken immer behinderter.

Alte Hinterhältigkeit hält vor
bis zu moderner Nachhaltigkeit.

Die Verallgemeinerung, dass jede voreilig ist,
ist oft voreilig.

Keine Überlegung kann allgemeingültig
nachweisen, dass sie ungültig ist.

Forscher erleben jetzt ein wärmeres Klima,
andere ein schlechteres Wetter.

Was dir nützt, das benutzt dich.

Wir sind jung, damit das Leben, und wir altern,
damit das Sterben uns leichter fällt.

Man ist so frei, wie man sich gebunden weiß,
und so konditioniert, sich frei zu fühlen.

Wachsen dir Flügel, bist du im freien Fall.

Das Wort für Ruhe stört sie schon.

Individualist wird heute,
wer allgemeine Individualitätsmuster kopiert.

Wer zahlt, der zählt. Wer zählt, der zahlt nicht.

Das Fernsehen gibt nur noch ein Leben wieder,
das dem Fernsehen nacheifert.

In Gemeinschaften bin ich vereinsamt,
im stillen Kämmerlein mit vielen vereint.

Aufgeklärte sehen in aller Klarheit vor allem
das Dunkel, in dem sie stehen.

Was du allein wahrnimmst, ist dein Interesse –
an dem deiner Herren.

Schäl dich aus deiner Zwangsjacke,
und du kommst in die Klapsmühle.

Wir bestrafen die uns Liebenden
für die uns nicht Liebenden.

Ist der Mensch frei, übernimmt er sich,
wo er Verantwortung übernimmt.

Du frisst den auf, dem du zu essen gibst.

Der Stumpfsinn findet mich stets zu spitzfindig.

Bleibt Kunst unbeachtet, wenn sie zu schlecht ist
oder nicht schlecht genug?

Die *Büchse der Pandora* erschoss nun auch noch
die Hoffnung.

Ob die Nachfrage nun zu groß oder zu klein ist,
ist uns zu viel zu schuften.

Wer reinen Herzens ist, benutzt es selten.

Friedrich N i e t z s c h e (1844 – 1900): *Übermenschenzüchtung*

Müßiggang ist aller Psychologie Anfang.
Wie? wäre Psychologie ein Laster?

Der Mann hat das Weib geschaffen –
woraus doch?
Aus einer Rippe Gottes, seines 'Ideals'...

Wer seinen Willen nicht in die Dinge zu legen weiß, der legt wenigstens einen Sinn noch hinein: d.h. er glaubt, dass ein Wille bereits darin sei ...

Man hält das Weib für tief – warum? weil man nie bei ihm auf den Grund kommt. Das Weib ist noch nicht einmal flach.

Die mystischen Erklärungen gelten für tief; die Wahrheit ist, dass sie noch nicht einmal oberflächlich sind.

Der getretene Wurm krümmt sich. So ist es klug. Er verringert damit die Wahrscheinlichkeit, von neuem getreten zu werden.

Ich suchte nach großen Menschen,
ich fand immer nur Affen ihres Ideals.

Die einen regieren, aus Lust am Regieren; die andern, um nicht regiert zu werden : - diesen ist es nur das geringere von zwei Übeln.

Der gestraft wird, ist nicht mehr der, welcher die Tat getan hat. Er ist immer der Sündenbock.

Neidische Menschen mit feiner Witterung suchen ihren Rivalen nicht genauer kennen zu lernen, um sich ihm überlegen fühlen zu können.

Jetzt wird er tugendhaft, nur um andern weh
damit zu tun ...

Viele erscheinen gereizt, wenn man ihnen eine Neuigkeit erzählt, sie empfinden das Übergewicht, welche die Neuigkeit dem gibt, der sie früher weiß.

Die sinnlichsten Männer sind die, welche vor den Frauen fliehn und den Leib martern müssen.

Sich mitten unter die Feinde werfen kann
das Merkmal der Feigheit sein.

Den Freund, dessen Hoffnungen man nicht befriedigen kann, wünscht man sich lieber zum Feind.

Wir haben nötig, gegen uns redlich zu sein
und uns sehr gut zu kennen, um gegen andre
jene menschenfreundliche Verstellung üben
zu können, welche Liebe und Güte genannt wird.

Ja! Er betrachtet die Sache von allen Seiten, und ihr meint, das sei ein rechter Mann der Erkenntnis. Aber er will nur den Preis herabsetzen - er will sie kaufen!

Im Gespräche bemerkt man den einen ... den Witz vorbereiten, damit der andere ihn mache : nicht aus Wohlwollen, wie man denken könnte, sondern aus Bosheit und Verachtung des groben Intellekte.

Von allen Trostmitteln tut Trostbedürftigen nichts so wohl wie die Behauptung, für ihren Fall gäbe es keinen Trost. Darin liegt eine solche Auszeichnung, dass sie wieder den Kopf heben.

Wenn wir jemanden dabei ertappen, daß er seinen Geist vor uns verbirgt, so nennen wir ihn böse; und zwar umso mehr, wenn wir argwöhnen, daß Artigkeit und Menschenfreundlichkeit ihn dazu getrieben haben.

"Er vergißt nichts, aber er vergibt alles." – Dann wird er doppelt gehaßt, denn er beschämt doppelt, mit seinem Gedächtnis und mit seiner Großmut.

Die Erziehung ist eine Fortsetzung der Zeugung und oft eine nachträgliche Beschönigung derselben.

Es gibt zart moralische Naturen, die bei jedem Erfolg Beschämung und bei jedem Mißerfolge Gewissensbisse haben.

Wer seinen Gegner töten will, mag erwägen, ob er ihn nicht gerade dadurch bei sich verewigt.

Geht die Wahrheit, die wir zu sagen haben, wider unseren Charakter..., so benehmen wir uns so, als ob wir schlecht lögen und erregen Mißtrauen.

...wenn er andere schätzen will, so muß er sie immer erst in sich verwandeln. Darin ist er geistreich.

Immer noch hilft gegen die Liebe in den meisten Fällen jenes alte Radikalmittel : die Gegenliebe.

Es gibt eine Art schwärmerischer, bis zum Äußersten gehender Hingebung an eine Person oder Partei, die verrät, daß wir im Geheimen uns ihr überlegen fühlen und darüber mit uns grollen. Wir blenden uns gleichsam zur Strafe dafür, daß unser Auge zu viel gesehen hat.

Es ist eine traurige Verschlagenheit, wenn man sich über jemanden täuschen will, dem man sich geopfert hat, und ihm Gelegenheit bietet, wo er uns so erscheinen muß, wie wir wünschen, daß er wäre.

Wer sich selber haßt, den haben wir zu fürchten, denn wir werden die Opfer seines Grolls und seiner Rache sein. Sehen wir also zu, wie wir ihn zur Liebe zu sich selber verführen!

Wir lieben die große Natur und haben sie entdeckt : das kommt daher, daß in unserem Kopfe die großen Menschen fehlen.

Wenn die Dankbarkeit vieler gegen einen
jede Scham wegwirft, so entsteht der Ruhm.

Er ist ein Denker : d. h. er versteht sich darauf, die Dinge einfacher zu nehmen, als sie sind.

Die perfideste Art, einer Sache zu schaden ist, sie absichtlich mit fehlerhaften Gründen verteidigen.

Die Wahrheit ist jene Art von nützlichem Irrtum, ohne die eine gewisse Art von Lebewesen nicht leben kann.

Kant wollte auf eine alle Welt vor den Kopf stoßende Art beweisen, daß alle Welt recht habe – das war der heimliche Witz dieser Seele. Er schrieb gegen die Gelehrten zugunsten des Volks-Vorurteils, aber für Gelehrte und nicht für das Volk.

Man hört nur die Fragen, auf welche man
imstande ist, eine Antwort zu finden.

Freigebigkeit ist bei Reichen
nur eine Art Schüchternheit.

Lachen heißt : schadenfroh sein,
aber mit gutem Gewissen.

Vor der Wirkung glaubt man an andere Ursachen als nach der Wirkung.

Die Strafe hat den Zweck, den zu bessern,
welcher straft.

Er hält aus Trotz an einer Sache fest, die ihm durchsichtig geworden ist – er nennt es aber 'Treue'.

Sein ganzes Wesen überredet nicht – das kommt daher, daß er nie eine gute Handlung, die er tat, verschwiegen hat.

Man träumt gar nicht oder interessant. Man muß ebenso wachen. Wer immer tief beschäftigt ist, ist über alle Verlegenheit hinaus.

Ich will nicht, daß man mir etwas nachmache, ich will, daß jeder sich etwas vormache : dasselbe, was ich tue.

Kein Sieger glaubt an den Zufall.

"Gut und böse sind die Vorurteile Gottes" –
sagte die Schlange.

Einer kann sich nicht beweisen : aber zweie
kann man bereits nicht widerlegen.

Was wir tun, wird nie verstanden,
sondern immer nur gelobt und getadelt.

Sorgt ihr für mich, denn ich habe Besseres
zu tun, nämlich für euch zu sorgen.

Man muß ein gutes Gedächtnis haben, um gegebene Versprechen halten zu können. Man muß eine starke Kraft der Einbildung haben, um Mitleid haben zu können. So eng ist die Moral an die Güte des Intellekts gebunden.

Der Asket macht aus der Tugend eine Not.

Die Menschen schämen sich nicht, etwas Schmutziges zu denken, aber wohl, wenn sie sich vorstellen, daß man ihnen diese schmutzigen Gedanken zutraue.

Die meisten Menschen sind viel sehr mit sich beschäftigt, um boshaft zu sein. Lukas 18,14 verbessert. Wer sich selbst erniedrigt, will erhöht werden.

Jeder, welcher sich dafür erklärt hat, daß der andere ein Dummkopf, ein schlechter Geselle sei, ärgert sich, wenn jener schließlich zeigt, daß er es nicht ist.

Es ist nicht genug an Religion in der Welt,
um die Religionen auch nur zu vernichten.

Es ist nicht genug Liebe und Güte in der Welt, um noch davon an eingebildete Wesen wegschenken zu dürfen.

Die Antithese ist die enge Pforte, durch welche sich am liebsten der Irrtum zur Wahrheit schleicht.

Die meisten Denker schreiben schlecht, weil sie uns nicht nur ihre Gedanken, sondern auch das Denken der Gedanken mitteilen.

Ein guter Schriftsteller hat nicht nur seinen eigenen Geist, sondern auch noch den Geist seiner Freunde.

Mangel an Vertraulichkeit unter Freunden ist ein Fehler, der nicht gerügt werden kann, um unheilbar zu werden.

Eine Gabe ausschlagen zu müssen, bloß weil sie nicht auf die rechte Weise angeboten wurde, erbittert gegen den Geber.

In jeder Partei ist einer, der durch sein gar zu geduldiges Aussprechen der Parteigrundsätze die übrigen zum Abfall reizt.

Wir legen nicht eher besonderen Wert auf den Besitz einer Tugend, bis wir deren völlige Abwesenheit an unserem Gegner wahrnehmen.

Man widerspricht oft einer Meinung, während uns eigentlich nur der Ton, in dem sie vorgetragen wurde, unsympathisch ist.

Wer des Vertrauens sicher ist,
legt auf Vertraulichkeit wenig Wert.

Manchmal kehrt ... das rechte Gleichgewicht der Freundschaft zurück, wenn wir in unsre eigne Waagschale einige Gran Unrecht legen.

Geistreichen Personen braucht man mitunter, um sie für einen Satz zu gewinnen, denselben nur in der Form einer ungeheuerlichen Paradoxie vorzulegen.

Mutige Leute überredet man dadurch zu einer Handlung, daß man dieselbe gefährlicher darstellt, als sie ist.

Verwandte eines Selbstmörders rechnen es ihm übel an, daß er nicht aus Rücksicht auf ihren Ruf am Leben geblieben ist.

Man springt einem Menschen, der ins Wasser fällt, noch einmal so gern nach, wenn Leute zugegen sind, die es nicht wagen.

Es wird wenige geben, welche, wenn sie um Stoff zur Unterhaltung verlegen sind, nicht die geheimeren Angelegenheiten ihrer Freunde preisgeben

Eine feine Seele bedrückt es, sich jemanden
zum Dank verpflichtet zu wissen;
eine grobe, sich jemandem.

Anmaßung bei Verdiensten beleidigt noch mehr als Anmaßung von Menschen ohne Verdienst : denn schon das Verdienst beleidigt.

Mitunter macht uns im Gespräch der Klang der eignen Stimme verlegen und verleitet uns zu Behauptungen, welche gar nicht unserer Meinung entsprechen.

Wir fürchten die feindselige Stimmung des Nächsten, weil wir fürchten, daß er durch diese Stimmung hinter unsere Heimlichkeiten kommt.

Wenn man keinen guten Vater hat,
so soll man sich einen anschaffen.

Gewöhnlich liebt eine Mutter sich mehr in ihrem Sohne als den Sohn selber.

Manche Mutter braucht glückliche, geehrte Kinder, manche unglückliche; sonst kann sich ihre Güte als Mutter nicht zeigen.

Kinder aus bescheidenen Familien muß man ebenso sehr das Befehlen durch Erziehung lehren wie andere das Gehorchen.

Gar nicht von sich zu reden,
ist eine sehr vornehme Heuchelei.

Frauen lieben meistens einen bedeutenden Mann so, daß sie ihn allein haben wollen. Sie würden ihn gern in Verschluß legen, wenn nicht ihre Eitelkeit widerriete : diese will, daß er auch vor anderen bedeutend erscheine.

Charaktervoll erscheint ein Mensch weit häufiger, weil er immer seinem Temperament, als weil er immer seinen Prinzipien folgt.

Der Mensch beträgt sich unwillkürlich vornehm, wenn er sich gewöhnt hat, von den Menschen nichts zu wollen und ihnen immer zu geben.

Wer gegen Menschen bescheiden ist, zeigt gegen Sachen (Stadt, Staat, Gesellschaft, Zeit, Menschheit) um so stärker seine Anmaßung. Das ist seine Rache.

Nicht wenn es gefährlich ist, die Wahrheit
zu sagen, findet sie am seltensten Vertreter,
sondern wenn es langweilig ist.

Wir sind so gerne in der freien Natur,
weil diese keine Meinung über uns hat.

Bei einem Todesfall braucht man zumeist Trostgründe, nicht sowohl um die Gewalt des Schmerzes zu lindern, als um zu entschuldigen, daß man sich so leicht getröstet hat.

Die Unvernunft einer Sache ist kein Grund gegen ihr Dasein, vielmehr eine Bedingung derselben.

Wir gehören einer Zeit an, deren Kultur in Gefahr ist, an den Mitteln der Kultur zugrunde zu gehen.

Der eine hält eine Meinung fest, weil er sich etwas darauf einbildet, von selbst auf sie gekommen zu sein, der andere, weil er sie mit Mühe gelernt hat und stolz darauf ist, sie begriffen zu haben; beide also aus Eitelkeit.

Wer davon lebt, einen Feind zu bekämpfen,
hat ein Interesse daran, daß er am Leben bleibt.

Dienstleistungen, die uns jemand erweist, schätzen wir nach dem Wert für ihn, nicht für uns.

Man bleibt einer Sache mitunter nur deshalb treu, weil ihre Gegner nicht aufhören, abgeschmackt zu sein.

Der hat keinen Geist, welcher den Geist sucht.

Bei der ernstlich gemeinten geistigen Befreiung eines Menschen hoffen im stillen auch seine Leidenschaften und Begierden ihren Vorteil sich zu ersehen.

Es gibt Leute, welche das Leben den Menschen erschweren wollen, aus keinem andern Grunde, als um ihnen hinterdrein ihre Rezepte ... anzubieten.

Wenn man die Leute dazu treiben kann, sich öffentlich für etwas zu erklären, so hat man sie meistens auch dazu gebracht, sich innerlich dafür zu erklären; sie wollen fürderhin als konsequent erfunden werden.

Wer ein gutes Beispiel geben will, muß seiner Tugend ein Gran Narrheit zusetzen; dann ahmt man ihn nach und erhebt sich zugleich über den Nachgeahmten, - was die Menschen lieben.

Man ist am meisten in Gefahr, überfahren zu werden, wenn man eben einem Wagen ausgewichen ist

Man vergißt seine Schuld, wenn man sie einem andern gebeichtet hat, aber gewöhnlich vergißt der andere sie nicht.

Wir lassen das Wunderliche, Irrationale gelten, wenn es unserer Selbstschätzung schmeichelt.

Der Vorteil des schlechten Gedächtnisses ist,
daß man dieselben guten Dinge mehrere Male
zum ersten Male genießt.

Jedes Wort ist ein Vorurteil.

Der Jünger eines Märtyrers leidet mehr
als der Märtyrer.

Alle guten Dinge sind starke Reizmittel zum Leben, selbst jedes gute Buch, das gegen das Leben geschrieben ist.

Auf Einwände des Gegners, gegen welche sich unser Kopf zu schwach fühlt, antwortet unser Herz durch Verdächtigung der Motive seiner Einwände.

Man kauft ab und zu etwas von Zigeunern,
damit sie nicht mehr entwenden.

Mancher wird nur deshalb kein Denker,
weil sein Gedächtnis zu gut ist.

Man muß für seinen Arzt geboren sein,
sonst geht man an seinem Arzt zugrunde.

Man wird selten irren, wenn man extreme Handlungen auf Eitelkeit, mittelmäßige auf Gewöhnung und kleinliche auf Furcht zurückführt.

Ein Volk ist der Umschweif der Natur, um zu sechs, sieben großen Männern zu kommen. – Ja: und um dann um sie herumzukommen.

Viel von sich reden kann auch ein Mittel sein,
sich zu verbergen.

"Die Erkenntnis um ihrer selbst willen" –
das ist der letzte Fallstrick, den die Moral legt:
damit verwickelt man sich noch einmal völlig in sie.

Der Autor hat den Mund zu halten,
wenn sein Werk den Mund auftut.

Es ist ein Nachteil für gute Gedanken, wenn sie zu rasch aufeinanderfolgen; sie verdecken sich gegenseitig die Aussicht. – Deshalb haben die größten ... Schriftsteller immer reichlichen Gebrauch vom Mittelmäßigen gemacht.

Die Forderung, geliebt zu werden,
ist die größte aller Anmaßungen.

Der beste Autor wird der sein,
welcher sich schämt, Schriftsteller zu werden.

Man heuchelt Mitleiden, wenn man über das Gefühl der Feindseligkeit sich erhaben zeigen will: aber gewöhnlich umsonst. Dies bemerkt man nicht ohne ein starkes Zunehmen der feindseligen Empfindung.

Findet jemand in einem geschenkten Sack Vorteil auch nur ein Korn Demütigung, so macht er doch noch böse Miene zum guten Spiel.

Je mehr einer sich gehen läßt,
um so weniger lassen ihn die anderen gehen.

Man kritisiert einen Menschen,
ein Buch am schärfsten, wenn man das Ideal
desselben hinzeichnet.

Ein Buch voller Geist teilt auch an seine Gegner davon mit.

Der Witz ist das Epigramm
auf den Tod eines Gefühls.

Wenn wir die Wahrheit auf den Kopf stellen, bemerken wir gewöhnlich nicht, daß auch unser Kopf nicht dort steht, wo er stehen sollte.

Alle Menschen mit gleichmäßigem Wohlwollen behandeln und ohne Unterschied der Person gütig sein, kann ebensosehr der Ausfluß tiefer Menschenverachtung als gründlicher Menschenliebe sein.

Von seinen Feinden zu lernen ist der beste Weg dazu, sie zu lieben : denn es stimmt uns dankbar gegen sie.

Wir werden manchem Künstler ... feindlich, nicht weil wir endlich merken, daß er uns hintergangen hat, sondern weil er nicht feinere Mittel für nötig befand, uns zu fangen.

In der vergoldeten Scheide des Mitleids
steckt mitunter der Dolch des Neides.

Unsere Anhänger vergeben es uns nie, wenn wir gegen uns selbst Partei ergreifen, denn dies heißt, in ihren Augen, nicht nur ihre Liebe zurückweisen, sondern auch ihren Verstand bloßstellen.

Wie wenig Anhänger zu bedeuten haben, begreift man erst, wenn man aufgehört hat, der Anhänger seiner Anhänger zu sein ... Wer von uns abfällt, beleidigt damit vielleicht nicht uns, aber sicherlich unsere Anhänger.

Wer keine Hoffnung hat, in einem Kampfe zu siegen, will umso mehr, daß die Art seines Kämpfens bewundert werde.

Du hast ihm Gelegenheit gegeben, Größe des Charakters zu zeigen, und er hat sie nicht genutzt. Das wird er dir nie verzeihen.

Das Gute mißfällt uns,
wenn wir ihm nicht gewachsen sind.

Was man zu teuer kauft, verwendet man gewöhnlich auch noch schlecht, weil ohne Liebe und mit peinlicher Erinnerung daran – und so hat man einen doppelten Nachteil davon.

Wer jemandes Ideal geschaut hat,
ist dessen unerbittlicher Richter
und gleichsam sein böses Gewissen.

"Vergib uns unsere Tugenden" –
so soll man zu Menschen beten.

Der gefundene Stil ist eine Beleidigung
für den Freund des gesuchten Stils.

Wenn alle Almosen nur aus Mitleiden gegeben würden, so wären die Bettler allesamt verhungert.

Wenn sich jemand vor uns entschuldigt, so muß er es sehr gut machen : sonst kommen wir uns selber leicht als die Schuldigen vor...

Ein rechter Fuchs nennt nicht nur die Trauben sauer, welche er nicht erreichen kann, sondern auch die, welche er erreicht und anderen vorweggenommen hat.

Die Menschen drängen nicht zum Lichte, um besser zu sehen, sondern um besser zu glänzen. Vor wem man glänzt, den läßt man gern als Licht gelten.

Unser Beobachtungssinn dafür, ob andere unsere Schwächen wahrnehmen, ist viel feiner als unser Beobachtungssinn für die Schwächen anderer : ... feiner, als nötig wäre.

Der gefährlichste Anhänger ist der,
dessen Abfall die ganze Partei vernichten würde:
also der beste Anhänger.

Etwas Gesundheit ab und zu
ist das beste Heilmittel des Kranken.

Wir würden uns für unsere Meinungen nicht verbrennen lassen : wir sind ihrer nicht so sicher. Aber vielleicht dafür, daß wir unsere Meinungen haben dürfen und ändern dürfen.

Es ist nicht nach jedermanns Geschmack, daß die Wahrheit angenehm gesagt werde. Möge aber wenigstens niemand glauben, daß der Irrtum zur Wahrheit werde, wenn man ihn unangenehm sage.

Man lobt oder tadelt, je nachdem das eine oder das andre mehr Gelegenheit gibt, unsere Urteilskraft leuchten zu lassen.

Wer vom Herkömmlichen abweicht, ist das Opfer des Außergewöhnlichen; wer im Herkömmlichen bleibt, ist dessen Sklave.

Entweder verstecke man seine Meinungen
oder ... sich hinter seine Meinungen.

Den Stil verbessern –
das heißt den Gedanken verbessern.

Der Magen der Gesellschaft ist stärker
als der meinige, er verträgt mich.

Hat man Charakter, so hat man auch
sein typisches Erlebnis, das immer wiederkehrt.

Wer sich selbst verachtet, achtet sich doch immer noch dabei als Verächter.

Vor uns selbst stellen wir uns alle einfältiger,
als wir sind; wir ruhen uns so von unseren
Mitmenschen aus.

Wenn wir über jemanden umdenken müssen,
so rechnen wir ihm die Unbequemlichkeit hart
an, die er uns damit macht.

Wer mit Ungeheuern kämpft, mag zusehn,
daß er nicht dabei zum Ungeheuer wird.

Man liebt seine Erkenntnis nicht genug mehr,
sobald man sie mitteilt.

"Wo der Baum der Erkenntnis steht, ist immer das Paradies", sagen die ältesten und die jüngsten Schlangen.

Der Reiz der Erkenntnis wäre gering, wenn nicht auf dem Wege zu ihr so viel Scham zu überwinden wäre.

Mancher Pfau verdeckt vor aller Augen
seinen Pfauenschweif – und heißt es seinen Stolz.

"Das habe ich getan", sagt mein Gedächtnis. "Das kann ich nicht getan haben", sagt mein Stolz und bleibt unerbittlich. Endlich – gibt das Gedächtnis nach.

Grad und Art der Geschlechtlichkeit
eines Menschen reicht bis in den letzten Gipfel
seines Geistes hinauf.

Sehr klugen Personen fängt man an
zu mißtrauen, wenn sie verlegen werden.

Wer hat nicht für seinen guten Ruf
schon einmal – sich selbst geopfert?

Ein großer Mann? Ich sehe immer nur
den Schauspieler seines eigenen Ideals.

Unsre Eitelkeit ist dann am schwersten
zu verletzen, wenn eben unser Stolz verletzt wurde.

Der Ekel vor dem Schmutz kann so groß sein, daß er uns hindert, uns zu reinigen – uns zu 'rechtfertigen'.

Allen rechten Frauen geht Wissenschaft wider die Scham. Es ist ihnen dabei zumute, als ob man ihnen damit unter die Haut – schlimmer noch! unter Kleid und Putz gucken wollte.

Wer den Weg zu seinem Ideal nicht zu finden weiß, lebt leichtsinniger und frecher als der Mensch ohne Ideal.

Was wir am besten tun, von dem möchte unsere Eitelkeit, daß es gerade als das gelte, was uns am schwersten werde. Zum Ursprung mancher Moral.

Den Nächsten zu einer guten Meinung verführen und hinterdrein an diese Meinung des Nächsten gläubig glauben : ... Kunststück der Weiber.

Man umarmt aus Menschenliebe bisweilen einen Beliebigen (weil man nicht alle umarmen kann): aber gerade das darf man dem Beliebigen nicht verraten ...

Man haßt nicht, solange man noch gering schätzt, sondern erst, wenn man gleich oder höher schätzt.

Die Vertraulichkeit des Überlegnen erbittert,
weil sie nicht zurückgegeben werden darf.

Die Eitelkeit anderer Menschen geht uns nur dann wider den Geschmack, wenn sie wider unsere Eitelkeit geht.

Eins muß man haben : entweder einen von Natur leichten Sinn oder einen durch Kunst und Wissen erleichterten Sinn.

Im Lobe ist mehr Zudringlichkeit als im Tadel.

Nietzsche war ein erstklassiger Aphoristiker und Tiefenpsychologe, doch nur ein zweitklassiger Philosoph (Übermenschentum, Wille zur Macht, Ewige Wiederkehr des Gleichen, Tod Gottes).
Seine verausgabend *schenkende Tugend* glaubte,
uns mehr zu geben zu haben als ein Christus,
der nur Sklaven befreien wollte.

Das Schlimmste an Nietzsche ist nicht sein *Übermensch*, sondern dass sich sein Leser dafür hält.

Der kranke und behinderte Nietzsche hatte
kein Mitleid, da er keins wollte, oder umgekehrt.
Seither hat jeder Krüppel einen Machtwillen
ohne (maskierenden) Bildungshunger
statt einen Wissensdurst ohne Machthunger.

Auch Nietzsches Theorie, dass jede Theorie
unwahr sei und nur Macht ausüben wolle,
ist dann unwahr und will nur Macht ausüben.

„Gott ist tot“, sagt Nietzsche. „Ja, ich weiß“, sagt der Christ, „Christus ist auch für ihn gestorben“.

Ein neuer Nietzsche ist heute weniger
wahrscheinlich, als ihn zu heilen.

Gilbert Keith Chesterton (1874 – 1936): *Gottes Raufbold*

Die Menschen würden die Volkswut gegen die Hexen besser verstehen, wenn sie sich erinnerten, dass die den Hexen ganz allgemein zugeschriebene Bosheit die Geburt von Kindern verhütete – einen solchen Krieg gegen die Kinder in sich begriff.

Der wahre Fortschritt besteht darin, nach der Stelle auszuschauen, wo man stehen bleiben kann.

Der Mensch, der einen anderen tötet, tötet nur einen, aber der Mensch, der sich selbst tötet, tötet alle Menschen, ... er löscht das ganze Weltall aus.

Der Misanthrop behauptet, die Menschheit wegen ihrer Schwächen zu verachten. Die Wahrheit ist, dass er sie wegen ihrer Stärke hasst.

Gut sein ist ein weit kühneres Abenteuer
als eine Weltumsegelung.

Ständiges Denken über Einfachheit führt dazu,
weniger einfach zu werden.

Jeder Aufrichtige wird zugeben, dass die einzige Art von Stolz, die ganz verdammenswert ist, diejenige ist, welche Grund hat, auf etwas stolz zu sein.

Es ist mehr Einfachheit in dem Mann, der Kaviar auf eine plötzliche Laune hin isst, als in dem, der Trauben und Nüsse aus Prinzip isst.

Der wahre Glanz der Jugend liegt darin, dass sie den ganzen Weltraum für sich hat, um die Beine auszustrecken.

Es ist das Schlimme bei dem ewigen Versuch, die körperliche Gesundheit zu bewahren, dass sich dieser Versuch schwer durchführen lässt, ohne die geistige Gesundheit zu zerstören.

Wie hoch die Wogen menschlicher Glückseligkeit im Mittelalter schlugen, erkennen wir nur an den riesigen Mauern, die man baute, um sie in Schach zu halten ... In einem hedonistischen Zeitalter ist die Freude immer so tief gesunken, dass man zu ihr ermuntert werden muss.

Wir sprechen davon, jemandes Herz zu 'rühren', doch seinen Kopf kann man nur treffen.

Wir machen uns Freunde. Wir machen uns Feinde. Aber Gott macht uns den Nachbarn nebenan.

Die Leute, die am stärksten an sich selbst
glauben, stecken alle in Narrenhäusern.

Über welche anderen Dinge kann man
denn Scherze machen als über ernste Dinge?

Das Glück der Ehe kommt
nach den Enttäuschungen der Flitterwochen.

Etwas, das wert ist, überhaupt getan zu werden, ist auch wert, schlecht getan zu werden.

Einen Brief in den Postkasten werfen und heiraten – zwei der wenigen Dinge, die noch ganz romantisch geblieben sind; denn um romantisch zu sein, muss ein Ding unwiderruflich sein.

Wenn man Menschen wie Schweine züchten soll, braucht man einen Aufseher, der ebenso viel schlauer ist als ein Mensch, wie ein Mensch schlauer ist als ein Schwein. Ein solches Individuum ist nicht leicht zu finden.

Das Leben ist zu erhaben, um genossen zu werden. Zu sein ist eine schwierige und aufreibende Beschäftigung.

Wenn ein Dreieck aus seinen drei Seiten ausbricht, nimmt sein Leben ein betrübliches Ende.

Der Dichter möchte nur, dass sein Kopf bis in den Himmel hineinragt. Der Logiker aber möchte diesen Himmel in seinen Kopf hineinzwängen.

Im wirklichen Leben sind jene Menschen die engherzigsten, die überhaupt keine Überzeugungen haben.

Wenn die wissenschaftlichen Spötter über die Inquisition einige der Szenen des Weltkriegs gesehen hätten, sie hätten geschwankt zwischen der Hölle, die sie angeklagt haben, und der Hölle, die sie geschaffen haben.

Wenn jemand allzu klar und überzeugend beweist, dass ein Tiger eine optische Täuschung ist - ... wird der Tiger selbst in die Diskussion eingreifen ...

Verrückt ist nicht immer der, welcher den Verstand verloren hat, sondern der, welcher alles verloren hat außer dem Verstand.

Nietzsche? Krüppel sind oft hart gegen Krüppel.

Wie die ungezügelte Gedankenfreiheit den Zweifel am Denken selbst in sich birgt, so führt die schrankenlose Willkür zur Lähmung des Willens. Der Kult des Willens ist Verneinung des Willens.

Ideen sind gefährlich, aber der Mann, dem sie am allerwenigsten gefährlich sind, das ist der Mann mit Ideen ... Dem Mann ohne Ideen wird die erste Idee so zu Kopf steigen wie Wein einem Alkoholgegner.

Gegen Ende seiner Kultur hatte ... der Heide herausgefunden, dass ein Mensch sich nicht vergnügen und weiterhin an etwas anderem als Vergnügen – Vergnügen haben könne.

Nur die Religion . . . kann den Menschen retten vor der vernichtenden und erniedrigenden Sklaverei, ein Kind seiner Zeit zu sein.

Nur ganz schüchterne Männer
fürchten die Frauen nicht.

Sich mit der Natur zu begnügen, ist nicht natürlich. Der Mensch ist Mystiker. Der Heilige steht neben dem einfachen Menschen, der Pilger zeigt Liebe für die Familie, der Mönch verteidigt die Ehe.

Man spricht von Dogmen, als wären sie Zeichen der Langsamkeit und Beharrlichkeit menschlichen Geistes. Tatsächlich sind sie Merkmale geistiger Schnelligkeit und leuchtender Ungeduld. Ein Mensch wird seine Meinung mystisch ausdrücken, wenn er keine Zeit verlieren kann, sie rational auszudrücken.

Der Mensch muss über die meisten Dinge orthodox denken, oder er wird niemals auch nur genug Zeit finden, seine eigene Ketzerei zu predigen.

Die schrecklichste aller Religionen ist der Kult des inneren Gottes. Wenn Smith diesen inneren Gott anbetet, stellt sich zuletzt heraus, dass Smith selber dieser Gott ist. Lieber sollte er Sonne und Mond anbeten ...

Es gibt etwas, was unendlich dümmer und unpraktischer ist, als einen Philosophen wegen seiner Ansichten ins Feuer zu werfen. Das ist die Angewohnheit zu sagen, Ansichten seien belanglos.

Jede Frau ist eine gefangene Königin, aber jede Mehrheit von Frauen ist nur ein ausgebrochener Harem.

Die Frau hat ein festes und wohlbegründetes Gefühl: Wenn sie nicht auf gutem Betragen besteht, dann tut es niemand.

Wie kann es eine große Laufbahn sein, andrer Leute Kinder die Dreisatzrechnung beizubringen, und eine kleine Laufbahn, die eigenen Kinder das Universum zu lehren? Wie kann es viel sein, allen das gleiche zu sein, und wenig, einem alles zu sein?

Man braucht viel Freizeit, um einer Frau überdrüssig werden, und ein Auto, um auf die Suche nach einer anderen fahren zu können. Ein Omnibusschaffner hat kaum Zeit, seine Frau zu lieben, geschweige denn andrer Leute Frauen.

Als ob Liebe je frei sein könnte! Es ist ja
die Natur der Liebe, sich selbst zu binden.

Es gibt nur drei Dinge, die Frauen nicht verstehen können: Freiheit, Gleichheit und Brüderlichkeit.

Wenn in Amerika Ehen wegen Unvereinbarkeit der Charaktere geschieden werden, dann verstehe ich nicht, wieso nicht alle Ehen geschieden werden.

Moderne Weise bieten dem Liebenden mit üblem Grinsen ... jede Freiheit mit Ausnahme der Freiheit, seine Freiheit verkaufen zu dürfen : die einzige, die er brauchte.

Sie bestehen darauf, von Geburtenkontrolle zu sprechen, wenn sie weniger Nachkommenschaft und keine Kontrolle wünschen.

Erziehung : Obwohl dieses Kind weit besser ist als ich, muss ich es belehren. Nichts überrascht Junge mehr als beständige Leichtfertigkeit der Alten.

Ein Knabe wird in die Schule geschickt, wenn es zu spät ist, ihm etwas beizubringen. Die Hauptsache ist schon geschehen, und Gott sei Dank ist sie fast immer durch Frauen geschehen.

Das ist die einzige ewige Erziehung : von der Wahrheit einer Sache so überzeugt sein, dass man wagt, sie einem Kinde zu sagen.

Ich halte meine Behauptung von Anfang bis Ende aufrecht, dass man die Kinder nicht retten kann, solange man die Väter nicht retten kann. Es ist vergeblich, Kinder zu retten, denn sie können nicht ewig Kinder bleiben.

Alle Menschen sind Demokraten,
wenn sie glücklich sind.

Die Leute trauen dem gemeinen Mann, weil sie sich selbst trauen. Aber die Leute trauen dem großen Mann, weil sie sich selber nicht trauen.

Seine Mutter mag ihm befehlen, das Haar abzuschneiden, denn das ist natürliche Autorität. Aber der Kaiser der Erde soll dem kleinen Mädchen nicht gebieten dürfen, das Haar abzuschneiden.

Wenn die Menschen müde sind, fallen sie in Anarchie; sind sie aber froh und kraftvoll, so schaffen sie sich Gewohnheiten, Konventionen – sie machen dann unweigerlich Gesetze und Regeln.

Niemand kann Revolution machen, um eine Demokratie zu errichten. Die Demokratie muss da sein, damit eine Revolution entstehen kann.

Es ist ein hinreichender Beweis dafür, dass wir nicht wesentlich demokratisch sind : dass wir uns immer fragen, was wir mit den Armen anfangen werden. Wären wir Demokraten, würden wir fragen, was die Armen mit uns anfangen werden.

Eine Utopie wird gewöhnlich eine Republik genannt und ist in Wirklichkeit eine Monarchie ... weil sie tatsächlich von einem einzigen regiert wird, dem Verfasser des betreffenden Buches.

Sollte Seifensieden wirklich mit Brüderlichkeit unvereinbar sein – um so schlimmer für das Seifensieden, nicht für die Brüderlichkeit.

Die Absicht des Bildhauers ist, uns zu überzeugen, dass er ein Bildhauer ist. Die Absicht des Redners ist, uns zu überzeugen, dass er kein Redner ist.

Je reicher einer ist, desto leichter kann er einen Landstreicher machen ... aber je ärmer ein Mann ist, desto wahrscheinlicher ist es, dass er seine ganze Vergangenheit unter Beweis stellen muss, um ein Bett für die Nacht zu bekommen.

Hoffnungslos zu sein war stets ein Vorrecht
der Gebildeten.

Man sagt nicht zum gewöhnlichen Bürger:
Du bist ebenso gut wie der Herzog von Norfolk,
sondern gebraucht die billige Formel:
Der Herzog von Norfolk ist nicht besser als du.

Der Polizist ist die eigentlich originelle und poetische Figur, während die Einbrecher und Straßenräuber bloß friedliche, alte, komische Konservative sind, glücklich in den uralten Anstandsbegriffen der Affen und Wölfe.

Die Armen haben sich manchmal dagegen gewehrt, schlecht regiert zu werden. Die Reichen haben sich immer dagegen gewehrt, überhaupt regiert zu werden.

Als ob nicht jeder wüsste, dass eine Dirne sauber sein muss, während ein braves Weib schmutzig sein darf, weil es ihr Geschäft ist, sauberzumachen.

Mein erster Einwand gegen jeden Schriftsteller, der die Armut beschreibt, ist der, dass er seinen Gegenstand studiert hat. Ein Demokrat wüsste alles.

Es ist das ganze Wesen und die Würde der Menschheit, dass wir in sozialen Dingen erst die Kur finden müssen, ehe wir die Krankheit finden.

Wenn Menschen wirklich neue Gefühle hätten,
könnte die Poesie nicht von ihnen sprechen.

Ein Mann ist zornig über eine Verleumdung, weil sie falsch ist, aber über eine Satire, weil sie wahr ist.

In einer politischen Abhandlung wirft der moderne Revolutionär den Menschen vor, dass sie die Moral mit Füßen treten; in einem Exkurs über die Ethik wird er die Moral angreifen, weil sie die Menschen mit Füßen tritt.

Der Glaube des Tyrannen an sich selber
ist nur Enttäuschung an der Menschheit.

Der Pragmatismus dreht sich um die Bedürfnisse des Menschen, und eines der vorrangigsten Bedürfnisse des Menschen besteht darin, kein bloßer Pragmatist zu sein.

In der Tat war die christliche Kirche von Anfang an, und vielleicht besonders am Anfang, nicht so sehr ein Fürstenreich wie eine Empörung gegen den Fürsten der Welt.

In dieser zu Grabe getragenen Gottheit liegt der Gedanke einer Unterminierung der Welt, eines Erschüttern der Türme und Paläste von den Grundfesten her, wie ja auch Herodes, der große König, dies unterirdische Beben spürte, und wankte in seinem wankenden Palast.

+++

Die Ersten werden die Letzten sein, die überleben.

Germanische Vandalen verübten nie Vandalismus, doch ruhige Bürger sind oft geistige Vandalen.

„Es überrascht, die Einwohner eines kleinen Ländchens aufgeklärter zu finden als die übrige Menschheit." (Gottfried Wilhelm **Leibniz**: „Theodizee“, 1710)

„Der Jude bleibt immer der eigentliche ursprüngliche *Edelmann* des ganzen menschlichen Geschlechts. Ein Wunder aller Wunder der göttlichen Vorsehung, Regierung und Staatskunst – mehr als Noahs Kasten und Loths Weib und Moses brennender Busch ist für mich jeder Jude. Hier liegt noch ein reiches Feld, die Lästerungen unserer unwissenden Hephästione über das Judentum auszudreschen und auszuflegeln."
(Johann Georg **Hamann,** 1730-1788)

Johann Gottfried Herder

„Das Volk Gottes, dem einst der Himmel selbst sein Vaterland schenkte, ist Jahrhunderte her, ja, fast seit Entstehung eine parasitische Pflanze auf den Stämmen anderer Nationen; ein Geschlecht schlauer Unterhändler beinah auf der ganzen Erde, das trotz aller Unterdrückung nirgend sich nach eigener Ehre und Wohnung, nirgend nach einem Vaterlande sehnet." („Ideen zur Philosophie der

Menschheitsgeschichte“, Sämtliche Werke, Berlin 1909, Bd. XIV, „Die Hebräer“, Seite 55)

Immanuel Kant

„ ... ein besonders von Jehovah für sich auserwähltes Volk, welches alle anderen Völker anfeindete, und dafür von jedem angefeindet wurde ... " („Religion innerhalb der Grenzen der bloßen Vernunft“, Königsberg 1794, S. 186-189)

„Die unter uns lebenden Palästiner sind durch ihren Wuchergeist seit ihrem Exil, auch was die größte Menge betrifft, in den nicht unbegründeten Ruf des Betrugs gekommen. Es scheint nun zwar befremdlich, sich eine Nation von Betrügern zu denken; aber ebenso befremdlich ist es doch auch, eine Nation von Kaufleuten zu denken, deren bei weitem größter Teil durch einen alten, von dem Staat, darin sie leben, anerkannten Aberglauben verbunden, keine bürgerliche Ehre sucht, sondern diesen ihren Verlust durch die Vorteile der Überlistung des Volkes, unter dem sie Schutz finden und selbst ihrer untereinander, ersetzen wollen. Nun kann dieses bei einer ganzen Nation von lauter Kaufleuten, als nichtproduzierenden Gliedern der Gesellschaft (z.B. der Juden in Polen), auch nicht anders sein; ..." ... ob sie zwar den Spruch: 'Käufer, tue die Augen auf!' zum obersten Grundsatze ihrer Moral im Verkehr mit uns machen ...

Die Euthanasie des Judentum ist die reine moralische Religion, mit Verlassung aller alter Satzungslehren ...“ („Anthropologie in pragmatischer Hinsicht“, Werkausgabe Bd. 12, FF/M. 1982, S. 517 ff.)

Johann Gottlieb Fichte

„Fast durch alle Länder von Europa verbreitet sich ein mächtiger, feindseelig gesinnter Staat, der mit allen übrigen im beständigen Kriege steht, und der in manchen fürchterlich schwer auf die Bürger drückt; es ist das Judenthum." „Um uns vor ihnen zu schützen, dazu sehe ich wieder kein anderes Mittel, als ihnen ihr gelobtes Land zu erobern und sie alle dahin zu schicken." „Ihnen Bürgerrechte zu geben, dazu sehe ich wenigstens keine Mittel als das: in einer Nacht ihnen alle Köpfe abzuschneiden und andere aufzusetzen, in denen auch nicht eine jüdische Idee steckt." („Beiträge zur Berichtigung der Urteile über die französische Revolution“, 1793)

F. W. J. Schelling

„Beschneidung wird bei Abraham schon eingeführt, von Moses bestätigt. Sie bezieht sich auf die Entmannung ... Mit jedem solchen Übergang war ein Orgiasmus verbunden, eine Selbstzerfleischung.

Zur selben Zeit hielten andere Völker es für ein religiöses Gebot, ihre Kinder zu opfern. Das Prinzip, das Abraham dazu versuchte, war dasselbe, welches andere Völker zu denselben Handlungen verleitete.

Ja, das eigentlich Typische des Mosaismus ist das Heidnische ... Das Gesetz scheint das bloße Ideal einer religiösen Verfassung zu sein, wie es nie in der Wirklichkeit existiert hat; in der Praxis waren die Juden fast durchaus Polytheisten. Die Substanz ihres Bewußtseins bildet das Heidentum, das akzidentelle bildet das Geoffenbarte. Von der Himmelskönigin bis zu den Gräueln der Phönizier, ja, bis zur Kybele haben die Juden alle Stufen durchgemacht." („Philosophie der Offenbarung 1841/42", Frankfurt/ Main 1977)

G. W. F. Hegel

Jesus : „Am Haufen der Juden mußte sein Versuch scheitern, ihnen das Bewußtsein von etwas Göttlichem zu geben; denn der Glaube an etwas Göttliches, an etwas Großes kann nicht im Kote wohnen. Der Löwe hat nicht Raum in einer Nuß; der unendliche Geist nicht Raum in dem Kerker einer Judenseele..." (Theologische Jugendschriften, Tübingen 1907, S. 252, 260, 312) „... und wenn die deutsche Nation auch nicht fähig ist, ihre Hartnäckigkeit in dem Besonderen bis zum Wahnsinn der jüdischen Nation zu steigern, dieser mit anderen zu Geselligkeit und Gemeinschaft unvereinbaren Nation, wenn sie auch nicht zu dieser Verruchtheit der Absonderung, zu morden und sich morden zu lassen, bis der Staat zertrümmert ist, kommen kann ..." (1800) („Frühe Schriften", Werke Bd. l, Frankfurt/ Main 1979, S. 581)

Karl Marx

„Akkumuliert! Akkumuliert! das ist Moses und die Propheten!" Welches ist der weltliche Grund des Judentums? Das *praktische* Bedürfnis, der *Eigennutz.*

Welches ist der weltliche Kultus des Juden? Der *Schacher.* Welches ist sein weltlicher Gott? Das *Geld.*

Das Geld ist der eifrige Gott Israels, vor welchem kein anderer Gott bestehen darf.

Der Christ war von vornherein der theoretisierende Jude, der Jude ist daher der praktische Christ, und der praktische Christ ist wieder Jude geworden. Die gesellschaftliche *Emanzipation* des Juden ist die Emanzipation der Gesellschaft vom Judentum.“ („Zur Judenfrage“, 1843)

Marx-Freund Heinrich Heine

„Ich bin jetzt bei Christ und Jude verhaßt. Ich bereue sehr, daß ich mich getauft hab'; ich seh' noch gar nicht ein, daß es mir seitdem besser gegangen sei, im Gegenteil, ich habe seitdem nichts als Unglück!

Ich sehe jetzt, die Griechen waren nur schöne Jünglinge, die Juden aber waren immer gewaltige unbeugsame Männer, nicht bloß ehemals, sondern bis auf den heutigen Tag, trotz achtzehn Jahrhunderten der Verfolgung und des Elends. Ich habe sie seitdem besser würdigen gelernt.“

Arthur Schopenhauer

„Statt der Unsterblichkeit lehrt das Alte Testament Heimsuchung der Missethaten an den Kindern . –

Das auserwählte Volk stahl den Ägyptern die goldenen Gefäße und zog, den Mörder Moses an der Spitze, in das Land der Verheißung.

Möge jedes Volk, das sich einen Gott hält, der ihnen Länder der Verheißung zeigt, seinen Nebukadnezar finden!

Man muß vom foetor Judaicus völlig cloroformirt sein, um nicht einzusehen, daß das Thier im Wesentlichen das Selbe ist, wie der Mensch.

Die Emanzipation der Juden sollte nicht soweit gehen, daß man ihnen Antheil am Staate einräumt. Sonst werden sie erst recht Juden bleiben.“ („Die Welt als Wille und Vorstellung“, 1818)

Friedrich Nietzsche

„Leute niedrigster Herkunft, zum Teil Gesindel, die Ausgestoßenen nicht nur der guten, sondern auch der achtbaren Gesellschaft, abseits selbst vom *Gerüche* der Kultur aufgewachsen, ohne Zucht, ohne Wissen, ohne jede Ahnung davon, daß es in geistigen Dingen Gewissen geben könnte, eben – Juden ... " „Diese Art von Mensch hat ein Lebensinteresse daran, die Menschheit krank zu machen und die Begriffe 'gut' und 'böse', 'wahr' und 'falsch' in einen lebensgefährlichen und weltverleumderischen Sinn umzudrehen."

Da „liegt die Bedeutung des jüdischen Volks: mit ihm beginnt der Sklaven-Aufstand in der Moral." („Jenseits von Gut und Böse“, Nr. 195)

„Die Antisemiten vergeben es den Juden nicht, daß die Juden 'Geist' haben – und Geld. Die Antisemiten – ein Name der Schlechtweggekommenen". (Jesus): „Dieser heilige Anarchist, der das niedere Volk, die Ausgestoßnen und 'Sünder', die Tschandala innerhalb des Judentums zum Widerspruch gegen die herrschende Ordnung aufrief – mit einer Sprache, falls den Evangelien zu trauen wäre, die auch heute noch nach Sibirien führen würde, war ein politischer Verbrecher ... Dies brachte ihn ans Kreuz ..." („Der Antichrist“, Nr. 27).

Martin Heidegger

Siehe Gesamtausgabe HGA Band 94 – 96
(„Überlegungen II – XV“,
„Schwarze Hefte“ 1931-1941), Frankfurt/Main 2014